DANUBE

DANUBE
Le delta de l'Europe

Maurice Botbol

ISBN 978-2-87523-219-9
Dépôt légal : septembre 2023
D/2023/9594/12

Éditions Nevicata
13, avenue du Geai
B-1170 Bruxelles
info@editionsnevicata.be
www.editionsnevicata.be

Ce livre est également disponible en version numérique.

DANUBE
Le delta de l'Europe

Maurice Botbol

N*

COLLECTION
L'ÂME DES PEUPLES

PAYS-BAS
ALLEMAGNE
BELGIQUE
TCHÉQUIE
FRANCE
Ulm
DANUBE
Zwentendorf
Bratisl
Vienne
DANUBE
Furtwangen
Donaueschingen
AUTRICHE
SLOVÉNIE
CROAT
ITALIE
N
0
100 km
MER
MÉDITERRANNÉE

POLOGNE
UKRAINE
LOVAQUIE
MOLDAVIE
Odessa
Budapest
HONGRIE
Izmaïl
Giurgiulesti
Galati
Sulina
Reni
Tulcea
ROUMANIE
Vukovar
DANUBE
DANUBE
MER NOIRE
Calafat
Vidin
SERBIE
NIE-
GOVINE
BULGARIE
MONTENEGRO
KOSOVO
MACÉDOINE DU NORD
IQUE
ALBANIE
TURQUIE
MER ÉGÉE
GRÈCE

AVANT-PROPOS

Pourquoi le Danube ?

Existe-t-il une identité commune des pays traversés par le Danube ? Telle est la question que nous nous sommes posée avec mon ami artiste peintre Antonio Chiriaco, lorsque nous avons décidé de partir au printemps 2022 à la découverte de ce fleuve, « le plus international du monde ». Évidemment, lorsqu'on évoque le Danube, chacun pense croisière. Or, le Danube borde directement dix pays européens, tandis qu'avec ses affluents, son bassin englobe neuf autres États et s'étend sur 817 000 km^2, soit 1,5 fois la superficie de la France.

Pour partir à la rencontre, non seulement du fleuve, mais aussi de ses paysages et de l'extraordinaire mosaïque de populations qui le bordent, nous avons donc choisi de prendre la route. La liberté de déplacement en voiture nous a permis de vivre intensément le fleuve à travers, comme nous le souhaitions, ses riverains, leur culture, leur histoire et… leur identité.

En fait, tout au long d'un parcours de 2 856 km vers l'est, depuis ses sources dans la Forêt-Noire en Allemagne, jusqu'à son immense delta sur la mer Noire, en Roumanie et en Ukraine, le Danube déploie une multitude d'identités : Donau, Dunaj, Duna, Donova, Dunav, Dunarea, Dunaï. Les noms varient d'une langue à l'autre ; chaque pays entretient une relation particulière avec « son » Danube. Mais l'étymologie du nom est commune. Aussi difficile à cerner soit-elle, il existe donc bien une « âme » du Danube, même si ses représentations sont diverses.

Fleuve mythique depuis la plus lointaine Antiquité, le Danube a servi de frontière orientale à l'Empire romain aux premiers siècles de l'ère chrétienne. Plus tard, Bonaparte l'a qualifié de « roi des fleuves de l'Europe ». Pendant plusieurs siècles, il a été le théâtre des affrontements entre les empires austro-hongrois et ottoman.

Plus qu'aucun autre fleuve, le Danube a connu et connaît encore mille vies. C'est le fleuve des invasions et de multiples migrations, creuset d'une incroyable diversité de populations, à l'origine de nationalismes exacerbés et de sanglants affrontements religieux.

Mais c'est également le fleuve de communautés ethniques et religieuses qui ont vécu longtemps en bonne intelligence, respectueuses les unes envers les autres, et qui furent à l'origine d'un incomparable bouillonnement culturel, artistique et politique.

Fleuve nourricier arrosant de grandes plaines céréalières, le Danube est, depuis des siècles, et toujours aujourd'hui, l'un des grands greniers de l'Europe. Il est aussi source essentielle d'énergie avec les cinq centrales nucléaires et les 19 grands barrages hydroélectriques qu'il alimente. Son gigantesque et magnifique delta aux multiples bras qui viennent doucement mourir dans la mer Noire constitue une fabuleuse réserve de biodiversité, unique au monde.

Axe de communication stratégique, le Danube permet de réaliser un vieux rêve des grandes puissances occidentales européennes, en reliant depuis 1992, via le canal Rhin-Main-Danube, la mer du Nord à la mer Noire. Dans ce sens, la poussée politique de l'Union européenne vers l'est, jusqu'aux frontières avec la Russie, marque un bouleversement géopolitique majeur.

De 1945 à 1990, le Danube a été, dans la plus grande partie de son cours, sous emprise soviétique. La chute du rideau de fer a entraîné la « réunification » politique de ce fleuve, deuxième plus important du continent européen, après la Volga, en Russie. Aujourd'hui, sept des dix pays qui le bordent font partie de l'Union européenne, tandis que les trois autres (Serbie, Moldavie, Ukraine) sont candidats à son accession. Les deux États qui sont les plus actifs à impulser cette stratégie, à savoir l'Allemagne et l'Autriche, sont cependant loin de maîtriser les conséquences du basculement progressif du centre de gravité de l'Union européenne du Rhin vers le Danube. Les nouveaux entrants, intégrés dans le cadre de l'élargissement de l'Union européenne, souffrent presque tous des mêmes faiblesses structurelles : corruption à grande échelle, défaillance des pouvoirs publics, accentuation des nationalismes, fortes disparités de niveau de vie entre les villes et les zones rurales, émergence de micro-États aux faibles ressources.

En envahissant l'Ukraine en février 2022, la Russie a violemment manifesté sa détermination à stopper l'expansion occidentale, interrompant brutalement 75 ans de paix en Europe (hormis les guerres yougoslaves). De son côté, mettant à profit les difficultés économiques des pays les plus fragiles, la Chine impose les infrastructures qui renforcent sa route de la soie.

L'Union européenne est consciente de ces lignes de fracture et des dangers qu'elles représentent pour la stabilité de l'ensemble du continent. Les normes politiques, économiques et législatives qu'elle impose, ainsi que les investissements conséquents qu'elle accorde, essentiellement sous forme de subventions, jouent un rôle structurant dans tous ces pays. Paradoxalement, elles sont également source de frustrations et de désillusions au sein des populations locales.

Le delta de l'Europe

Le vieux phare de Sulina a longtemps marqué l'endroit où le fleuve se jette dans la mer Noire par l'un des multiples bras de son delta. Le symbole même d'un « far-est » européen, avec son lot d'aventuriers, d'espions, de brigands, de marins et de commerçants de toutes origines, ainsi que ses promesses de richesses éphémères, de gloires passées et de rivalités entre grandes puissances, aujourd'hui déchues.

Sulina est la ville la plus à l'est de l'Union européenne. Aucune route n'y mène. On y accède uniquement par trois heures de ferry sur le Danube, à partir de la ville roumaine de Tulcea. Ou par la mer. Ce port du bout du monde, au bord de la mer Noire, ouvre depuis des siècles la porte de l'Orient à l'Europe occidentale. Les empires ottomans, austro-hongrois, russe, anglais, français n'ont cessé de s'affronter pour en prendre le contrôle.

Sulina, dont le phare construit en 1870 marque le point zéro des 2 860 km du Danube. Abandonné, il surgit aujourd'hui en pleine ville, entre de grands arbres, des jardins en friche et les maisons délabrées qui l'enserrent. Monument historique, symbole de la ville, il est en cours de rénovation. Une deuxième vie l'attend, un avenir de petit musée, vestige d'un passé glorieux. Deux autres phares l'ont depuis remplacé, à chaque fois plus loin en mer Noire, tant les alluvions que charrie inlassablement le Danube font avancer les terres de 40 mètres chaque année.

Sulina, ce port qui n'est pas un port. On n'y voit ni grue, ni portique, ni chantier naval. Ici, on n'embarque ni ne débarque aucune marchandise. Les navires de haute mer glissent silencieusement le long de la grande avenue maritime autour de laquelle la petite ville s'est construite. Les clients des bars et restaurants de la rue principale, le long du quai, sont habitués à voir leur masse imposante surgir à quelques mètres d'eux.

Sulina assoupie, à la population et à l'activité déclinantes

(3 600 habitants au dernier recensement en 2011). À la lisière de l'Europe, mais en première ligne depuis l'invasion de l'Ukraine par la Russie, en février 2022.

Le port de Sulina est en fait un poste de douane. En temps ordinaire, il peut contrôler deux à quatre bateaux par jour. La guerre en Ukraine a tout bouleversé. Depuis le printemps 2022, 60 à 70 navires attendent en permanence au large avant de pouvoir entrer dans le canal. Car, comme aux autres postes frontières roumains, les effectifs douaniers n'ont guère augmenté. En outre, chaque navire de mer doit faire appel aux pilotes de l'administration fluviale du Bas-Danube pour rejoindre les ports de Galati (km 157) et de Braila (km 180), en amont de Sulina. Là aussi, le nombre de pilotes n'a pas évolué.

Lorsque Odessa et les autres ports ukrainiens sur la mer Noire ont été soumis à un blocus russe début 2022, Sulina est devenue une importante voie de sortie maritime des céréales des grandes plaines d'Ukraine. Bouche centrale du Danube, elle permet aux navires céréaliers de remonter jusqu'à Galati, d'où ils empruntent la branche nord du fleuve vers les ports fluviaux ukrainiens de Reni et d'Izmaïl où ils peuvent charger leur cargaison et repartir vers Sulina et son débouché sur la mer Noire.

Depuis 2022, Sulina est de nouveau un goulet d'étranglement. Autrefois, à cause de l'ensablement de l'embouchure, des naufrageurs, de l'insécurité et des guerres. Aujourd'hui, du fait de lourdeurs administratives et de l'indolence du gouvernement roumain.

L'histoire de ce lieu mythique sur le Danube n'est qu'un tragique recommencement. Pendant la guerre de Crimée (1853-1856), Sulina était sous domination russe. En 1854, la marine britannique, alliée à la France et à la Turquie contre l'empire tsariste, avait attaqué la garnison qui y était basée, et détruit quasiment toute la ville avant d'en prendre possession. À cette époque, les ports russes sur la mer Noire – qui incluaient l'Ukraine – étaient soumis à un blocus par les alliés. Mais Sulina qui venait pourtant d'être détruite, avait retrouvé dès l'année suivante une vigoureuse activité, car il fallait évacuer d'urgence les produits agricoles roumains afin de compenser l'arrêt des exportations russes (ukrainiennes). Déjà !

Dans la rue principale de Sulina, le long du quai qui borde le Danube, se dressent deux grandes maisons jumelles à un étage, aux hautes fenêtres bordées de rouge et aux balcons en fer forgé. La peinture blanche est écaillée, mais la splendeur passée se laisse aisément deviner. Au fronton de la première, une date en partie effacée, 1899, indique l'année de construction. La fin du dix-neuvième siècle fut la période de gloire de Sulina.

Au rez-de-chaussée, une boutique capharnaüm. Dans une des vitrines trône un portrait de Eugeniu P. Botez (1874-1933) : un bel homme en uniforme d'officier de marine, moustache conquérante, double bouc bien taillé, regard déterminé. Il est la célébrité la plus connue de la ville, mais il l'est devenu sous son nom de plume, Jean Bart, qu'il a emprunté au corsaire français du dix-huitième siècle.

Son roman publié en 1933, *Europolis*, a donné vie à l'extraordinaire communauté cosmopolite qui peuplait Sulina au début des années 1900. L'ouvrage a connu de multiples éditions en Roumanie et a été traduit en plusieurs langues, dont le français.

Fils de général, diplômé de l'École navale de Galati, expert du Danube, journaliste et écrivain, Jean Bart est un témoin précieux de cette époque dont il a été l'un des acteurs. Représentant le gouvernement roumain, il a été commissaire maritime de Sulina pendant quatre ans, de 1909 à 1913, juste avant que n'éclate la Première Guerre mondiale.

Il vivait dans l'un des bâtiments jumeaux (probablement au-dessus de l'actuelle boutique) et travaillait dans l'autre, devenu un monument historique, la « Casa Jean Bart ». Celle-ci abrite aujourd'hui un restaurant et un petit hôtel, dénommé bien sûr Pensiunea Jean Bart.

Entre les deux bâtiments, une modeste maison sans étage, toute blanche, intrigue par les deux drapeaux qui l'ornent, roumain et grec. Au-dessus de la porte, un panneau orné de deux colonnes ioniques indique en deux langues : « Union hellénique de Roumanie – Communauté hellénique de Sulina ».

La communauté grecque de Sulina, très importante à l'époque, s'inscrit justement au cœur des intrigues d'*Europolis*. Roman populaire, à la fois épique et mélodramatique, il fourmille de scènes de la vie quotidienne de la ville au début du vingtième siècle, au moment où la Commission européenne du Danube était encore toute-puissante, mais où commençait à se dessiner son déclin, après la crise de 1929.

« Le blé en sort et l'or rentre. » En une seule phrase, Jean Bart résume tout Sulina. Et de préciser avec verve : « Cette cité ancestrale se développe ou décline selon la récolte annuelle. La population double les années d'abondance et baisse les années de vaches maigres. D'où vient tout ce monde bigarré ? Marins, commerçants, artisans, portefaix, escrocs, vauriens, femmes, femmes de toutes sortes. Oiseaux de proie assoiffés de gain se réunissent ici comme des sauterelles sur l'étroite langue terre entre le Danube et la mer. (…) Toute la nuit, à la lumière électrique, vrombissent les élévateurs par où le blé coule à torrents comme de la poudre d'or des chalands dans les bateaux qui l'emportent sur les mers, vers d'autres pays. » Il conclut : « Quelle époque féerique ! »

Féerique, certes, mais avec un passé tragique aussi. Professeur d'histoire à l'Université de Galati, spécialiste du Danube, Constantin Ardeleanu résume dans un raccourci saisissant l'histoire tourmentée du petit port sur le Danube : « Sulina a été annexée par la Russie en 1829, détruite par la marine britannique en 1854, occupée par les Autrichiens en 1855, donnée aux Moldaves en 1856, rendue aux Ottomans en 1857, bombardée par les Russes en 1877, reprise par les Roumains en 1878, prise entre deux feux pendant la Première Guerre mondiale et défendue par les Russes en 1916. »

Les deux sources

Retour aux sources. Celle de l'histoire et celle du fleuve. Une rigole venue de nulle part descend un vallon herbeux en pente douce. Elle s'infiltre dans la terre pour surgir quelques mètres plus bas aux pieds d'un « Danuvius » hirsute, statue sauvage d'un dieu primitif. Assis sur de gros blocs de pierre, il porte un regard farouche vers l'aval où s'écoule un mince filet d'eau qui agrémente un paysage champêtre.

Ici naît modestement le Danube. Ou tout au moins, sa source principale, la Breg. Nous sommes à 1 078 m d'altitude sur la commune de Furtwangen, en Forêt-Noire, dans le land allemand de Bade-Wurtemberg. À quelques dizaines de mètres, la très simple chapelle Saint-Martin (Martinskapelle) dresse son élégant clocher en tavaillons, animant la ligne sombre d'une forêt de sapins, tandis que de doux vallons herbeux descendent vers la vallée.

À 100 mètres d'ici à peine, se trouve la ligne de partage des eaux entre le Rhin et le Danube. Hasard heureux de la géographie, il s'en est fallu de peu pour qu'au lieu d'entamer une course épique de près de 3 000 km vers l'est, jusqu'à la mer Noire, le Danube ne coule à l'ouest pour se confondre avec le Rhin et rejoindre la mer du Nord. L'histoire du continent européen s'est ainsi trouvée enrichie de deux civilisations, l'une rhénane et l'autre danubienne, à la fois rivales et complémentaires.

Alors que la source est un monument naturel protégé depuis 1957, la figure de Danuvius ne la personnifie que depuis quelques années. La sculpture a été créée en 2017 par l'artiste allemand Wolfgang Eckert. Celui-ci s'est attaché, pour une bonne partie de son œuvre, à explorer la diversité humaine à travers des portraits sculptés. C'est ce qui donne toute sa force au Danuvius, image très masculine du Danube.

Furtwangen n'est toutefois que la source officieuse du fleuve. Depuis plusieurs siècles, la commune ne cesse de contester la prééminence accordée à son aristocratique rivale située dans le château des princes de Fürstenberg, 45 km en aval, en plein centre de la petite ville de Donaueschingen. En 1981, le ministre de l'Intérieur de l'État de Bade-Wurtemberg avait voulu clore le débat en décidant que « la source de la Breg ne sera plus indiquée comme la source du Danube sur les cartes ministérielles ».

Les géographes ont cependant tendance à considérer que le filet d'eau qui naît près de la chapelle Saint-Martin est bien la source du Danube, comme l'a scientifiquement démontré dans les années 1950 le médecin et hydrologue Ludwig Ohrlein. Il est vrai qu'à 686 m d'altitude, la source de Donaueschingen n'apparaît que 400 mètres plus bas, après que s'y sont rejointes les eaux des rivières Breg et Brigach.

Foin des querelles de clocher. Comment ne pas céder aussi au charme urbain de Donaueschingen qui abrite un autre Danube, élégant et sophistiqué, loin du modeste et champêtre Furtwangen ? Les hautes maisons bourgeoises de la ville, témoins de la bonne fortune de la région, sont joyeusement peintes en bleu ciel, rose vif, ocre pâle ou vert amande. Une belle fontaine ancienne est surmontée de la sculpture moderne d'un personnage de carnaval aux couleurs chatoyantes. Et au bas d'un escalier de pierre, l'on découvre soudain un magnifique bassin à la double balustrade de pierre et de fer, qui dessine un rond parfait enchâssant le vert frémissant de la source. Une haie de buis soigneusement taillés sépare la source du château des Fürstenberg qui, au milieu d'un magnifique parc, associe un flamboyant baroque allemand à une plus légère architecture d'inspiration française.

Dominant la source, une sculpture due à Adolf Heer en 1895 représente la « mère Baar » – du nom du plateau central allemand –, illustration de la terre maternelle. Celle-ci tient tendrement par le bras sa fille « Donau » (Danube) aux seins nus, et lui indique de son index tendu la direction de l'Orient. Image fruste et masculine à Furtwangen, féminine et sophistiquée à Donaueschingen : le choc de ces deux identités du Danube, présentes dès l'origine du fleuve, se percuteront en permanence tout au long de son parcours. D'un côté, les valses de Vienne et le beau Danube bleu, de l'autre les flots indomptables des Portes de fer et les crues dévastatrices. Jusqu'aux vastes étendues à la nature intacte, qui vont charrier leurs alluvions dans la mer Noire.

Ulm, les migrations souabes

Ici, à Ulm, débute la partie navigable du Danube. Enrichi des flots impétueux de son affluent, l'Iller, qui le rejoint légèrement en amont de la ville, le Danube est désormais un véritable fleuve. Le prestigieux destin de cette cité de marchands s'est écrit, depuis le Moyen Age jusqu'à nos jours, dans sa volonté de projection vers l'est du continent, via le Danube.

L'instrument emblématique de cette navigation vers l'Orient a été l'*Ulmer Schachtel*, la « boîte d'Ulm », qui comme son nom l'indique, est un bateau rustique qui transportait uniquement vers l'aval marchandises, voyageurs et troupes de soldats. Arrivée à destination, la barque était le plus souvent détruite, et son bois vendu sur place. Rappelant ce passé glorieux, une grande fresque richement colorée d'une « boîte d'Ulm » surmontée d'une petite maison en bois, orne l'un des pignons du magnifique hôtel de ville de style gothique, sur la place centrale d'Ulm.

Le témoignage humain le plus émouvant que l'on peut retenir d'Ulm est toutefois celui des grandes vagues migratoires parties de ses rives sur les *Ulmer Schachtel* pour coloniser les terres insalubres du Banat et de la Voïvodine que l'empire d'Autriche-Hongrie venait de reconquérir sur les Ottomans au milieu du dix-huitième siècle. 150 ans plus tard, à la fin de la Seconde Guerre mondiale et la défaite nazie, ce fut le mouvement inverse avec l'éviction brutale de villages entiers, dont les habitants germanophones, installés depuis plusieurs générations, furent sommés de retourner d'où leurs ancêtres étaient venus.

Rares sont les habitants d'Ulm qui, aujourd'hui, n'évoquent pas spontanément un grand-parent, une tante ou un arrière-cousin originaire d'un village de Hongrie, de Serbie ou de Roumanie. Ce souvenir, vivace, dont tout ressentiment a aujourd'hui disparu, remplacé par une forme de nostalgie du pays natal perdu (le *heimat*), est entretenu à travers de multiples manifestations et échanges avec les régions d'émigration. D'où cet attachement profond des habitants d'Ulm au Danube et à la continuité culturelle qu'il représente.

Ce lien historique est aussi maintenu dans les pays d'exil. Ainsi la Hongrie a décidé en 2013 de commémorer chaque 19 janvier le souvenir des 200 000 Souabes du Danube qui furent expulsés par le gouvernement communiste entre 1946 et 1948. Plus de 100 000 Allemands du Danube vivent encore en Hongrie. Un siège leur est même réservé au Parlement. Celui-ci est occupé depuis 2014 par un avocat, Imre Ritter, qui a encore été réélu en 2022.

Un peu à l'écart de la ville, à quelques pas des rives du fleuve, d'austères baraquements de 140 m de long abritent le musée central des Souabes du Danube (Donauschwäbisches Zentralmuseum – DZM). Construites au milieu du dix-neuvième siècle pour protéger la cité, ces impressionnantes casemates ont été transformées en musée en 2000, et entièrement rénovées en 2022.

Issu d'une volonté politique à la fois fédérale et locale, le DZM raconte de manière sobre et touchante l'extraordinaire épopée des migrations souabes le long du Danube. Située sur les deux rives du fleuve, avec pour capitale Ulm, la région souabe, qui possède son propre dialecte, s'étend sur une partie des États de Bavière et du Bade-Wurtemberg. Le musée se veut un hommage à ces 400 000 paysans germanophones (allemands, autrichiens et même alsaciens-lorrains) qui, en trois vagues principales de migration, de 1723 à 1786, furent envoyés coloniser les terres aux limites de l'empire d'Autriche-Hongrie pour repeupler et développer des régions laissées à l'abandon sous le règne de l'Empire ottoman.

Au-delà des costumes typiques et des nombreux objets de la vie quotidienne, des cartes d'époque exposées au DZM montrent avec une précision chirurgicale l'implantation de ces villages de colons, ainsi que l'extraordinaire diversité ethnographique de leur environnement. Preuve, s'il en est, de l'importance accordée à l'identité ethnique de chaque population dans la principale région d'émigration, le Banat, situé entre le Danube et les Carpates, avec pour capitale aujourd'hui Timisoara en Roumanie. Sont ainsi soigneusement recensés Serbes, Croates, Slovaques, Bulgares, Hongrois, Turcs, Rutènes, Roumains, Juifs, Gitans et, bien sûr, Germains. Dans le même temps, sont idéalisés ces temps révolus, quand toutes ces communautés qui ne parlaient pas la même langue et ne pratiquaient pas la même religion, vivaient en bonne intelligence. En oubliant les guerres et les conflits violents qui, au cours des siècles, n'ont cessé de déchirer ces régions.

Témoignage des temps apaisés : en 2012 et 2013, le DZM et six autres musées de Hongrie, de Serbie et de Roumanie se sont unis pour faire revivre la mémoire des migrations des Souabes du Danube. Ce souvenir reste donc vivant dans quelque 80 villages et villes comme Budapest, Osijek, Novi Sad ou encore Timisoara.

De manière plus actuelle, cette projection de la ville d'Ulm vers son aval danubien se concrétise à travers le *Donau buro* qui a fêté ses 20 ans en 2022. Situé dans la vieille ville d'Ulm, à proximité du typique quartier des pêcheurs, cet organisme privé à but non lucratif est installé dans d'anciennes écuries du quinzième siècle. Une grande carte du Danube et des dix pays qu'il traverse est accrochée sur les hauts murs blancs. L'événement le plus spectaculaire organisé chaque année au début du mois de juillet par le *Donau buro* est le *Donau fest*, un gigantesque festival culturel qui regroupe pendant dix jours à Ulm les dix pays riverains du Danube. Près de 400 000 artistes et visiteurs font ainsi vivre la diversité des peuples qui s'étendent de la Forêt-Noire à la mer Noire.

S'appuyant sur ces bases historiques, la volonté allemande d'élargir son influence politique et économique vers les pays du Moyen et du Bas-Danube a d'abord été impulsée à Ulm. Le « processus d'Ulm » initié par l'État de Bade-Wurtemberg dès les années 1990 et accentué à l'occasion de multiples rencontres et conférences au début des années 2000, a mené à l'adoption officielle par le Conseil européen en juin 2011 (sous présidence de la Hongrie) de la Stratégie de l'Union européenne pour la région du Danube (EUSDR), un vaste programme, toujours très actif de soutien au développement des pays riverains du Danube.

Zwentendorf, ou le « romantisme vert » autrichien

Près du village de Zwentendorf, en Autriche, à moins de 50 km en amont de Vienne, le Danube, bleu comme il se doit, s'écoule en un long fleuve tranquille, bordé de berges verdoyantes. Soudain émerge, sur sa rive droite, un grand cube en béton gris flanqué d'une cheminée culminant à 110 m de hauteur. Dans un paysage bucolique, seuls un gazon bien taillé et une piste cyclable séparent ces constructions du Danube. Aucune fumée ne s'en échappe. On n'entend aucun bruit, si ce n'est le chant des oiseaux. Nous sommes cependant au pied d'une centrale nucléaire de 700 MW.

Stefan Zach, le porte-parole d'EVN, la société autrichienne cotée à la Bourse de Vienne, qui en est propriétaire, précise qu'il s'agit de « la centrale nucléaire la plus sûre au monde ». Et pour cause, souligne-t-il avec malice : « Elle n'a jamais fonctionné ! »

En 1978, la centrale de Zwentendorf est prête à démarrer. Le combustible nucléaire est chargé ; les lignes à haute tension relient la centrale au réseau électrique du pays ; les ingénieurs et techniciens sont sur le pont. Mais les premières manifestations anti-nucléaires ont débuté en 1975. Le prix Nobel de médecine Konrad Lorenz en devient l'un des porte-drapeaux les plus médiatiques. Pour faire taire ces oppositions, le chancelier Bruno Kreisky décide d'un référendum qu'il est certain d'emporter. Coup de théâtre : le 5 novembre 1978, le non à la centrale est majoritaire, même si c'est d'une courte tête (50,47 % des voix). Alors que d'autres centrales étaient déjà planifiées, c'est un séisme. L'Autriche devient un farouche opposant à l'énergie nucléaire, le plus virulent, encore aujourd'hui, au sein de l'Union européenne.

D'une certaine manière, Zwentendorf symbolise toutes les ambiguïtés et contradictions représentatives de cette dualité autrichienne décrite par l'écrivain et philosophe Robert Musil dans son célèbre ouvrage, *L'Homme sans qualité* : « En ce pays, on agissait toujours autrement qu'on ne pensait, ou on pensait autrement que l'on agissait. » Stefan Zach exprime cette même ambivalence avec un sens aigu de la dérision. Pour lui, depuis sa construction, cette centrale est « un échec perpétuel ». À l'image de l'Autriche, n'hésite-t-il pas à préciser. Une outrance, certes, mais avec de forts accents de vérité. Comme l'Autriche, pourrait-on être amené à penser, Zwentendorf est à la fois le musée d'un modernisme révolu et un cimetière de projets grandioses, abandonnés pour toujours.

Le spectacle est unique au monde : débarrassée de tout danger radioactif, la centrale nucléaire révèle une magnifique beauté industrielle, avec son entrelacs de tuyaux, ses innombrables manettes, ses lourdes portes blindées, ses turbines, ses générateurs, ses pompes et son extraordinaire orgue géant composé de dizaines de barres de combustible. Pas une peinture n'est écaillée, comme si l'espoir illusoire qu'un jour la centrale pourrait redémarrer devait être soigneusement entretenu. L'immense salle de contrôle est, elle aussi, maintenue intacte dans son décor de science-fiction des années

1970, avec ses petits écrans d'ordinateurs en noir et blanc, ses murs couverts de centaines de diodes et d'instruments de mesure, et bien sûr son téléphone rouge relié à la présidence.

En 50 ans, les projets les plus baroques ont émaillé les multiples tentatives de reconversion de la centrale. Ce furent autant de fiascos. Le célèbre artiste et architecte autrichien Friedensreich Hundertwasser a ainsi imaginé faire de Zwentendorf un musée des technologies qui ont échoué. L'homme d'affaires Udo Proksch, qui fut par la suite condamné pour six meurtres dans le cadre d'une vaste escroquerie à l'assurance a, lui, proposé de modifier la culture autrichienne du deuil en y créant un cimetière dans lequel les gens auraient été enterrés debout. À quelques exceptions près, les projets de location de la centrale pour y tourner des films ont également fait long feu.

Même les écologistes n'ont pas réussi à faire de Zwentendorf un symbole de la lutte antinucléaire. Un Nuke Festival en 1999 et un Global 2000 Tomorrow Festival en 2012 n'ont attiré que quelques milliers de spectateurs. Aujourd'hui, Zwentendorf cherche à se présenter comme une vitrine de l'énergie solaire. Mais les panneaux photovoltaïques installés autour de la centrale et sur ses toits produisent à peine 0,46 MW, soit… 0,06 % de la puissance du réacteur nucléaire. Du « romantisme vert », commente sobrement Stephan Zach qui se présente lui-même comme « un écologiste conservateur » et se déclare « amoureux » de sa centrale sur le Danube.

Ces échecs persistants peuvent prêter à sourire. Mais en obtenant à grand bruit la fermeture de Zwentendorf, ses opposants ont remporté une victoire qui, de fait, a provoqué une catastrophe écologique d'une tout autre ampleur. Silencieuse, celle-là.

À quelques encablures de la centrale nucléaire inerte s'élève un autre bâtiment imposant, la centrale à charbon de Dürnrohr. Celle-ci, d'une puissance de 800 MW, a été construite sur le territoire même de la commune de Zwentendorf, justement pour pallier les déficits d'approvisionnement électrique dus à la fermeture de la centrale nucléaire. Ses investisseurs, EVN (qui détient la centrale nucléaire) et la société semi-publique Verbund ont ainsi pu utiliser les lignes électriques à haute tension déjà construites, ainsi que les équipements de la sous-station de Dürnrohr. Pendant 33 ans, jusqu'à sa fermeture en août 2019, sa cheminée de 210 m de haut, alimentée par du charbon tchèque et polonais, a donc craché 800 000 tonnes de CO_2 par an, soit l'une des plus grandes sources de gaz à effet de serre en Autriche.

Des centrales nucléaires vieillissantes

Zwentendorf symbolise de manière spectaculaire les paradoxes énergétiques du Danube. Tout au long de son parcours, le fleuve offre un formidable potentiel de production d'électricité. Mais, depuis la fin du vingtième siècle, les enjeux politiques, géostratégiques, technologiques et environnementaux, sources d'innombrables conflits, ont considérablement freiné son développement.

Outre Zwentendorf, quatre autres centrales nucléaires bordent le Danube. Dans le cadre de sa politique antinucléaire, l'Allemagne a fermé en 2021 la dernière des trois tranches de la centrale de Gundremmingen, en amont d'Ulm, en Bavière. En revanche, les trois centrales qui, en Hongrie, Bulgarie et Roumanie, datent de la guerre froide, sont toujours en activité, ces trois pays cherchant en revanche à renouveler et développer leur parc nucléaire.

De conception soviétique, les quatre unités de la centrale de Paks en Hongrie, entrées en production fin 1982, devraient arriver en fin de vie dans les dix prochaines années. Or, elles fournissent la moitié de l'énergie électrique du pays. Le Premier ministre Viktor Orban négocie depuis plusieurs années avec la Russie la construction de nouvelles tranches. Les pressions européennes à la suite de la guerre en Ukraine rendent évidemment plus difficiles la conclusion d'un accord.

Construites également sur le Danube à l'époque soviétique, les six tranches nucléaires de la centrale de Kozloduj en Bulgarie, sont entrées en opération entre 1974 et 1991. Les quatre premières, considérées comme les plus dangereuses au monde à la suite de nombreux accidents de sûreté, ont été fermées entre 2002 et 2006 après un bras de fer avec l'Union européenne qui exigeait leur mise à l'arrêt avant l'entrée de la

Bulgarie dans l'Union. Les deux dernières tranches en activité, dont la durée de vie a été prolongée jusqu'en 2050, fournissent actuellement 40 % de l'électricité du pays.

La construction de la centrale roumaine de Cernavodă a aussi été engagée pendant la période communiste, mais le régime de Nicolae Ceaușescu avait tenu à marquer son indépendance vis-à-vis de l'URSS en faisant appel à une technologie canadienne. Cinq tranches étaient prévues, mais à la suite de la chute de Ceaușescu en décembre 1989, les travaux furent arrêtés et seules deux tranches sont actuellement en activité. Elles fournissent 20 % de l'électricité de la Roumanie. La centrale de Cernavodă n'est pas directement située sur le Danube, mais sur le canal du même nom qui relie le fleuve à la mer Noire.

Écologie et nationalisme

La volonté de domestiquer le Danube n'a jamais été aussi forte que lors des décennies au cours desquelles l'Union soviétique a exercé une influence prépondérante sur le fleuve, depuis le delta en Ukraine jusqu'à la frontière tchécoslovaque. Ce fut notamment l'époque des gigantesques barrages destinés à produire de l'électricité, accompagnés de travaux de canalisation permettant d'assurer la navigation de plus gros navires. Le productivisme soviétique s'est toutefois heurté aux oppositions nationalistes et aux conflits de souveraineté entre pays riverains, comme entre la Tchécoslovaquie et la Hongrie et entre la Yougoslavie et la Roumanie.

Le cas le plus emblématique de ces oppositions est celui du méga-projet de Gabcikovo-Nagymaros mené par la Tchécoslovaquie et la Hongrie dans la grande plaine alluviale située entre Bratislava et Budapest. En septembre 1977, les deux républiques socialistes signaient un traité destiné à construire un vaste système de barrages, de centrales hydroélectriques et d'écluses, mais sans qu'aucune étude environnementale n'ait été menée au préalable.

À la chute du rideau de fer en 1989, les travaux de Gabcikovo étaient quasiment terminés côté tchécoslovaque. Cependant, dès 1984, les écologistes avaient commencé à manifester à Budapest pour protester contre la construction à Nagymaros du pendant hongrois de Gabcikovo. Le barrage, la centrale électrique, le pont routier et la canalisation du fleuve prévus menaçaient de destruction les magnifiques paysages sauvages du Coude du Danube, entre les massifs de Börzsöny et de Visegrád, au nord de Budapest. La première mesure du gouvernement postcommuniste à Budapest fut donc, en octobre 1989, de suspendre les travaux de Nagymaros puis, en mai 1995, de dénoncer le traité de 1977.

Côté tchécoslovaque, les premières réactions furent similaires. Porté au pouvoir par la « révolution de velours », le président Vaclav Havel définit ainsi en 1991 le projet de Gabcikovo-Nagymaros comme « un monument totalitaire, atteint de gigantisme et contraire à la nature ». Mais après la scission avec la Tchéquie, le gouvernement slovaque décida de continuer les travaux puis poursuivit la Hongrie en 1993 devant la Cour internationale de justice pour non-respect du traité entre les deux pays. L'affaire n'a cessé, depuis, d'empoisonner les relations entre Bratislava et Budapest, sans qu'elle ne soit, à ce jour, tranchée juridiquement de manière définitive.

À Budapest, les mystères d'un fleuve

La mystérieuse Commission du Danube est installée depuis 1954 dans un bel hôtel particulier de Budapest. Son drapeau bleu lavande rehaussé d'une large bande rouge flotte fièrement au fronton de l'édifice dans une rue bordée de grands tilleuls, située dans le très chic quartier de Terézváros. Au 25 de la rue Benczúr, une plaque en bronze indique « Commission du Danube » dans les trois langues officielles de la Commission : allemand, français et russe.

Les portes capitonnées s'ouvrent en ce mois de mai 2022 sur l'immense bureau du directeur général, Manfred Seitz. Celui d'un puissant ambassadeur, tel qu'il pouvait exister au dix-neuvième siècle. Mais depuis 1948, il n'a plus guère de pouvoir. Tout juste de l'influence. Contrairement à ses prédécesseurs de la Commission européenne du Danube qui, à partir de 1856, ont régné en maîtres absolus sur le cours inférieur du fleuve, entre Galati et Sulina, sur la mer Noire.

De lourdes boiseries sombres courent le long des murs. Le grand bureau en bois du directeur, soigneusement ouvragé, est accompagné de meubles imposants. Derrière lui sont alignés les drapeaux des onze États membres de la Commission du Danube dont le principal objectif est de veiller à la libre navigation sur tout le parcours navigable du fleuve, depuis Ulm en Allemagne jusqu'à l'embouchure principale en Roumanie.

Dix de ces pays sont des riverains : Allemagne, Autriche, Slovaquie, Hongrie, Croatie, Serbie, Roumanie, Bulgarie, Moldavie et Ukraine. Le onzième, la Russie, n'est plus baigné par le fleuve depuis l'indépendance de l'Ukraine en 1991, mais est toujours officiellement membre. Sept de ces pays font partie de l'Union européenne, tandis que trois autres, la Serbie, la Moldavie et l'Ukraine, ont entamé leur processus

d'adhésion. Pour faire bonne mesure, car le sort du Danube ne laisse aucun État européen indifférent, fut-il lointain, ont statut d'observateur : les Pays-Bas, la Belgique, la France, la Tchéquie, le Monténégro, la Macédoine du Nord, la Grèce, la Turquie, et même Chypre et la Géorgie.

Manfred Seitz est, à 59 ans, un vétéran du Danube, au riche parcours technique et opérationnel. Un vrai expert, délégué par son pays, l'Autriche. Ce qui n'est pas neutre, tant Vienne qui a, de tout temps, veillé à préserver ses intérêts politiques et historiques sur le fleuve, continue à y jouer un rôle discret mais prédominant. Fonctionnaire du ministère autrichien des Transports en début de carrière, Manfred Seitz n'a cessé de travailler sur le Danube. En 2005, il devient le premier directeur général de Via Donau, un nouvel et puissant opérateur fluvial basé à Vienne qui regroupe tous les organismes publics et privés autrichiens gérant le fleuve. En 2011, il participe à la création de Pro Danube International (PDI), une association autrichienne rassemblant 200 entreprises privées : fournisseurs de services, opérateurs de barges et de terminaux, chantiers navals et industriels utilisateurs de transports fluviaux. Il en est le secrétaire général pendant huit ans, avant de rejoindre la Commission du Danube en juillet 2019.

La Commission compte à peine 19 salariés, plus une dizaine de traducteurs. Son organe politique est composé non pas d'ingénieurs, mais de diplomates dont les intérêts politiques et économiques sont très souvent divergents. Enfin, poids de l'histoire, les trois langues officielles de la Commission sont l'allemand, le français et le russe, qui ne sont parlées par quasiment aucun des fonctionnaires et experts qui constituent les groupes de travail nationaux sur lesquels s'appuie la Commission. Comme l'explique Manfred Seitz, les jeunes Roumains ne parlent plus français, pas plus que les Serbes le russe ou les Croates l'allemand. D'où un fonctionnement poussif à l'efficacité limitée.

Manfred Seitz entend réveiller cette belle endormie et lui donner une nouvelle dynamique. De fait, il est chaleureux, s'exprime de manière directe, sans langue de bois. Proeuropéen convaincu, il dit avoir attrapé jeune « le virus du Danube dont il ne cherche absolument pas à guérir ». Après avoir bataillé deux ans, il a enfin obtenu en juin 2021 que…

l'anglais devienne langue de travail de la Commission. Mince victoire qui permet toutefois aux experts et ingénieurs d'échanger et de se coordonner entre eux ainsi qu'avec les nombreuses institutions nationales et internationales qui travaillent à l'aménagement du Danube. En premier lieu l'Union européenne et ses innombrables programmes de développement, l'International Commission for the Protection of the Danube River (ICPDR) basée à Vienne, la Commission centrale pour la navigation du Rhin (CCNR), la Commission économique des Nations unies pour l'Europe (UNICE), etc.

En fait, pour Manfred Seitz, rien ne serait possible sans les institutions européennes. La Commission du Danube elle-même n'ayant aucun pouvoir contraignant, il s'appuie sur les réglementations élaborées à Bruxelles pour faire avancer les projets. Ainsi, en juillet 2015, un « arrangement » a été officiellement signé entre la Commission et la Direction générale de la Mobilité et des Transports (DG Move) de l'Union européenne pour renforcer la coopération entre les deux institutions. L'arrangement précise dans son introduction : « Désormais, le bassin du fleuve le plus international du monde est en grande partie un espace de l'Union européenne. » Grâce à une amélioration de la navigation sur le fleuve, « le Danube peut ouvrir l'Union européenne à ses proches voisins, la région de la mer Noire, le Caucase du Sud et l'Asie centrale ». Vaste ambition, mais réduite par rapport au projet qui n'a pas abouti sur une adhésion de la Commission européenne elle-même à la Commission du Danube. Cette dernière joue toutefois un rôle essentiel en intégrant progressivement aux normes fluviales européennes ses États membres qui n'ont pas encore rejoint l'Union européenne : la Serbie, la Moldavie et l'Ukraine.

Libre navigation, vraiment ?

À observer les rares pousseurs et leurs longs trains de barges qui sillonnent aujourd'hui le Danube, comme les quelques navires de croisière qui ne naviguent qu'en été, on imagine mal l'intense activité humaine déployée jadis sur les rives du Danube. Les dix-huitième et dix-neuvième siècles furent l'âge d'or de la navigation sur le fleuve avec le développement du transport de personnes et de marchandises. Les activités de halage se faisaient alors à la force des bras des hommes et de leurs chevaux de trait. Le lit du fleuve, peu aménagé à l'époque, fluctuait sans cesse. Toute une population de bateliers et de haleurs connaissant bien les caprices de chaque portion du Danube vivait le long de ses berges, y créant une grande animation populaire. Celle-ci diminua avec l'arrivée des premiers bateaux à vapeur et le développement de la grande compagnie de navigation DDSG. Créée à Vienne en 1829, celle-ci fut pendant des décennies l'un des principaux instruments de la domination autrichienne sur tout le cours du Danube, jusqu'à la mer Noire.

Étonnamment, la question de la libre navigation sur le Danube, comme la liberté d'y commercer, fut posée pour la première fois par la France dès la fin du dix-huitième siècle. Au cours du congrès de Rastatt (Bade-Wurtemberg) en 1798, qui réunit la jeune République française d'un côté, la Prusse et le Saint-Empire romain de l'autre, les plénipotentiaires français demandèrent que les grands fleuves allemands, et parmi eux le Danube, soient accessibles au pavillon français.

Dans sa thèse de doctorat soutenue en 1899, l'avocat André de Saint-Clair souligne que cette proposition souleva un grand enthousiasme dans les villes commerçantes allemandes. La ville d'Ulm, tout particulièrement, félicita la France pour établir le « principe que les péages sur le Danube seront abolis en Bavière comme en Autriche », ou qu'au moins la Bavière et l'Autriche ne puissent lever des impôts exorbitants « sur le commerce qui se fait sur le Danube depuis Ulm jusqu'en Turquie ». À l'époque, l'Empire ottoman, qui occupait les deux rives du Danube depuis les Portes de fer jusqu'au delta sur la mer Noire, inscrivait dans tous ses traités la libre circulation sur la partie inférieure du fleuve. C'étaient bien la Bavière, le Wurtemberg et l'empire d'Autriche qui, par une multitude de règles et d'impôts, freinaient la libre navigation et le commerce sur le cours supérieur du Danube.

La proposition française ne fut cependant pas acceptée, ni pour le Rhin, ni pour le Danube, du fait notamment de l'opposition de l'Autriche, soucieuse de préserver ses taxes et impôts sur le Haut-Danube, tout en demandant avec véhémence la libre circulation sur le cours inférieur. En revanche, six ans plus tard, en août 1804, le traité de

Lunéville, entre le gouvernement français et la confédération germanique, déboucha sur une convention abolissant des droits de navigation sur le Rhin, ce qui entraîna un fort développement de la navigation sur le fleuve. Ce dont le Danube ne put bénéficier.

Un certain élan fut toutefois donné en 1814. Après l'abdication forcée de Napoléon, les États vainqueurs (Royaume-Uni, Portugal, Russie, Suède, Prusse et Autriche) décidèrent d'étendre à tous les fleuves internationaux la liberté de naviguer et de commercer « du point où le fleuve devient navigable jusqu'à la mer ».

En 1815, le Congrès de Vienne, qui procéda à un grand redécoupage des frontières de l'Europe, confirma le principe de la libre circulation sur tous les fleuves internationaux du continent. Ambassadeur de Louis XVIII à ce congrès, Charles de Talleyrand put alors affirmer : « Le centre de gravité de l'Europe n'est pas à Paris ou à Berlin, mais dans les bouches du Danube. » Cependant, le document final cita nommément le Rhin, en oubliant le Danube.

Au cours des années qui suivirent, ces principes de droit furent souvent remis en cause. Au traité d'Andrinople (aujourd'hui Edirne) qui mit fin en septembre 1829 à plus d'un an de guerre entre la Russie et la Turquie, l'empereur Nicolas Ier obtint du sultan Mahmoud II le contrôle des trois bouches du Danube sur la mer Noire, Kilia (aujourd'hui Chilia en Ukraine) au nord, Sulina au centre et la rive gauche de

Saint-Georges au sud (la rive droite demeurant sous contrôle turc).

La Russie maintint officiellement la libre navigation sur le Bas-Danube pour les navires ottomans et russes. Dans les faits, elle multiplia les obstacles administratifs, comme l'obligation de quarantaine, y compris pour les bâtiments ne provenant pas de pays contaminés, les obligeant même par un décret de 1836 à se faire désinfecter plus au nord, dans son port d'Odessa. En outre, la Russie négligea les travaux de désensablement indispensables pour permettre une navigation constante, la seule branche navigable, celle de Sulina, devenant même si dangereuse que le trafic y fut drastiquement réduit. À partir de 1850, l'accès à la mer Noire était devenu un vrai cauchemar pour les capitaines des navires marchands, du fait des vols, du brigandage et des naufrages que provoquait la barre créée par les alluvions du Danube.

Cette situation provoqua une vive colère de l'Autriche qui avait créé en 1829 une puissante compagnie de navigation, la DDSG (Erste Donau-Dampfschiffahrts-Gesellschaft), toujours active aujourd'hui, et qui était devenue le plus important transporteur de passagers et de marchandises sur le Danube. Les capitaines de la DDSG maîtrisaient en particulier les techniques qui leur permettaient de passer les Portes de fer, alors très dangereuses.

La guerre de Crimée, déjà…

La guerre de Crimée fut enclenchée en 1853 par une coalition de la France, du Royaume-Uni, du royaume de Sardaigne et de l'Empire ottoman pour forcer la Russie à se retirer des provinces roumaines de Valachie et de Moldavie, alors sous domination turque. La fin de cette guerre sanglante fut actée en mars 1856 par le traité de Paris, convoqué par l'empereur Napoléon III. C'est ce traité qui institua la première Commission européenne du Danube (CED), avec le soutien appuyé de l'Autriche, qui n'avait pas pris part au conflit mais qui était décidée à retrouver un libre accès à la mer Noire.

La Russie, qui avait perdu la guerre, dut abandonner les droits sur les bouches du Danube qu'elle avait arrachés à la Turquie en 1829, tandis que cette dernière en reprenait formellement le contrôle.

Le traité de Paris déclara la neutralité de la mer Noire en interdisant son accès aux navires de guerre, et établit pour la première fois le régime juridique du Danube, la Commission européenne du Danube étant chargée d'assurer la bonne navigabilité du Bas-Danube (entre les embouchures sur la mer Noire et le port d'Isaccea, situé 35 km en amont de Tulcea). Le siège de la Commission fut installé à Galati, port franc depuis 1837, alors en plein développement. L'actuelle Commission du Danube, qui sera créée 92 ans plus tard, en 1948, revendique cet héritage, dont elle n'est finalement qu'une lointaine émanation, car elle dispose de pouvoirs bien moins étendus.

Le document instituant la CED fut signé par sept puissances européennes (France, Grande-Bretagne, Autriche, Prusse, Sardaigne, Turquie et Russie). Mais il exclut les deux principaux pays riverains concernés par le Danube inférieur : les principautés danubiennes de Moldavie (Moldavie actuelle plus des parties de l'Ukraine et de la Roumanie) et de Valachie (Sud de la Roumanie actuelle).

Commencés en 1858, les monumentaux travaux de construction de digues et de désensablement effectués par la Commission européenne furent achevés en un temps record, en juillet 1861, en dépit d'imbroglios diplomatiques et de la difficulté de choix techniques liés aux spécificités de l'embouchure du Danube. La profondeur de la passe, qui était d'environ 9 pieds anglais (2,74 m), fut quasiment doublée à 17 pieds (5,18 m), permettant ainsi aux navires de mer de passer sans encombre la barre. Tous ces travaux furent financés par les grandes puissances, sans que les principautés danubiennes y participent et sans qu'elles ne parviennent à assurer la police du parcours inférieur du fleuve. Ce qui put justifier qu'elles soient exclues de la CED. C'est finalement un détachement de 60 soldats autrichiens qui, à partir de 1855, parvint à rétablir énergiquement l'ordre à l'embouchure du Danube.

L'ordre public et la sécurité de navigation désormais assurés, Sulina se développa rapidement, passant d'un millier d'aventuriers vivant dans des cabanes misérables sur la plage à une ville de 4000 habitants avec bâtiments en dur, ateliers de construction, lieux de culte, une garnison permanente, et des représentations consulaires. Tulcea et Galati, plus tard Braila, les villes en amont, bénéficièrent aussi de ces développements économiques.

En 1870, Sulina fut déclarée port libre, permettant ainsi aux navires de transiter sans aucune formalité. La CED devint progressivement une vraie puissance, disposant de son propre budget et pouvant contracter des emprunts importants. Elle possédait en outre « trois bateaux à vapeur et de nombreux chalands de remorque battant un pavillon spécial reconnu par la plupart des puissances signataires du traité de Paris ».

« Son pavillon, ses yachts désuets, ses fonctionnaires de toutes nations »

Mais cette toute-puissance finit par décliner. Le diplomate et écrivain Paul Morand, qui avait épousé en 1927 la riche princesse gréco-roumaine Helena Chrissoveloni, fut, de janvier 1938 à octobre 1939, délégué permanent de la France auprès de la CED, avant d'être nommé en 1943 ambassadeur à Bucarest par le régime de Vichy.

Dans un article paru en 1972 dans Sélection du *Reader's Digest*, il décrivait de manière désabusée la vie de la Commission, juste avant la Seconde Guerre mondiale : « La Commission était un petit royaume fictif, indépendant, avec son pavillon, ses yachts désuets, ses fonctionnaires de toutes nations, son budget-or et ses loisirs (...). Aujourd'hui la guerre a soufflé sur tout cela et l'Europe s'est laissé chasser de cet avant-poste diplomatique, comme de tout l'Orient. »

En 1939, le Reich d'Adolf Hitler devint membre de la CED avant de décider de sa dissolution.

La Convention de Belgrade, qui est à l'origine de l'actuelle Commission du Danube, fut signée le 18 août 1948 par les seuls sept pays riverains. Les grandes puissances en furent exclues, malgré les fortes pressions des États-Unis pour en faire partie. L'ordre officiel dans lequel ils apparaissent en préambule de la Convention est le suivant : URSS, Bulgarie, Hongrie, Roumanie, Ukraine, Tchécoslovaquie et Yougoslavie. L'Union soviétique en premier donc, qui imposait sa domination politique et économique sur le fleuve, depuis Sulina jusqu'à Bratislava.

« Le Danube aux Danubiens », clamaient les Soviétiques qui exigèrent que seuls les États riverains soient membres de la nouvelle Commission du Danube, au nom de la défense de leur souveraineté. Un principe à géométrie variable cependant. Ainsi, ils ne voulurent ni de l'Allemagne, ni de l'Autriche. Plus curieux encore : si l'Ukraine était bien riveraine, l'Union soviétique ne l'était qu'indirectement, via l'Ukraine. Or Moscou et Kiev furent représentés dans la Commission : deux voix au lieu d'une. Vexation supplémentaire : si le français et l'allemand furent acceptés, à côté du russe, comme langues de travail de la Commission, Moscou refusa totalement l'usage de l'anglais.

La nouvelle commission a compétence sur l'ensemble du cours navigable du Danube. Son siège, établi d'abord à Galati (Roumanie) fut transféré en 1954 à Budapest (Hongrie). Elle est certes chargée d'assurer la libre navigation sur le fleuve des navires marchands, mais « en conformité avec les intérêts et les droits souverains des pays danubiens ». L'internationalisation complète du Danube voulue par les États-Unis et ses alliés occidentaux fut ainsi totalement écartée. La nouvelle commission n'avait plus aucun pouvoir. Les États riverains restaient libres d'appliquer ou pas ses préconisations. Tout au moins en théorie, car il ne faisait de doute pour personne que le vrai pouvoir était alors à Moscou.

À la veille de l'ouverture de la convention de Belgrade, le délégué français, l'ambassadeur Adrien Thierry, annonçait lucidement cet échec dans des confidences au journaliste du *Monde* Jean Schwoebel (29 juillet 1948) : « On voit mal (…) comment la Russie accepterait sincèrement d'ouvrir le Danube à la libre navigation de tous, et donc à la pénétration du commerce occidental. Ce serait ouvrir l'Europe orientale à l'influence économique des puissances de l'Ouest et faciliter l'application du plan Marshall, alors que justement la diplomatie soviétique est tout entière mobilisée en vue de saboter ledit plan. » Le rideau de fer qui était tombé sur le Danube allait couper le fleuve en deux pendant plus de 40 ans.

La fin de la domination soviétique

La chute du mur de Berlin en novembre 1989, suivie de l'effondrement de l'empire soviétique, l'éclatement de la Yougoslavie, les déclarations d'indépendance de l'Ukraine et la Moldavie, la fin des régimes communistes en Roumanie, Bulgarie, Hongrie, Tchécoslovaquie, puis l'adhésion de ces pays à l'Union européenne, bouleversent la géopolitique du Danube. Le fleuve qui traverse dix pays européens est enfin en voie de réunification. Aussi surprenant que cela puisse paraître, l'Allemagne à laquelle l'URSS avait refusé son adhésion à la Commission du Danube en 1948, n'en est devenue membre que 50 ans plus tard, en 1998. L'Autriche, elle, l'était depuis janvier 1960.

L'adhésion de l'Allemagne a été l'occasion de discrètes mais d'âpres négociations en coulisses. Depuis l'indépendance de l'Ukraine en 1991, la Russie ne pouvait plus se targuer d'être un État riverain. Elle se refusait cependant à abandonner son siège à la Commission. S'en est suivi un marchandage peu connu jusqu'à présent. Moscou a accepté l'adhésion de l'Allemagne, mais a exigé en échange de rester membre de la Commission. D'où la situation anachronique d'un État non-danubien, qui plus est une grande puissance, membre d'une organisation à laquelle ne peuvent juridiquement adhérer que des pays riverains.

L'histoire se venge aussi, parfois. En décembre 2020, l'ambassadrice d'Ukraine en Hongrie, Liubov Nepop, fut élue présidente de la Commission du Danube pour la période 2021-2023. C'était la première fois qu'un représentant de l'Ukraine accédait à cette responsabilité, alors que le pays était membre de la Commission depuis son origine, en 1948. Cette nomination fut le fruit d'un intense lobbying du ministère ukrainien des Affaires étrangères qui voulait ainsi faire un pas de plus vers l'intégration européenne et surtout contester l'adhésion de la Russie, en tant que pays non-riverain du Danube.

Lorsque le 24 février 2022 la Russie envahit l'Ukraine, la réaction de la Commission ne se fit pas attendre. Convoqués en session extraordinaire le 17 mars, les représentants des États membres décidèrent d'exclure les représentants de la Russie de leur « participation à toutes les séances de la Commission du Danube et de ses organes de travail jusqu'au rétablissement de la paix, de la souveraineté et de l'intégrité territoriale de l'Ukraine ». Bien que largement symbolique, cette décision a marqué la fin d'une domination de plus de 70 ans de l'URSS puis de la Russie sur la Commission du Danube. Celle-ci était, il est vrai, déclinante depuis l'élargissement de l'Union européenne à la Slovaquie en 2004, à la Roumanie et à la Bulgarie en 2007, et à la Croatie en 2013. Avec les prochaines adhésions de la Serbie, de la Moldavie et de l'Ukraine, le Danube sera « européen » sur toute sa longueur, de la Forêt-Noire à la mer Noire.

Vukovar, drame du nationalisme

Un dimanche ensoleillé de mai 2022 à Vukovar, « ville martyre » au bord du Danube. Des familles joyeuses se pressent autour d'un buffet pour fêter Saint-Nicolas, « faiseur de miracles ». Elles se trouvent au pied d'une église orthodoxe serbe, éclatante de blancheur. Son bulbe noir surmonté d'une croix dorée indique fièrement deux dates : 1737, année de sa construction, et 2009, celle de sa reconstruction. Tout un symbole.

Comme la quasi-totalité de la ville, l'église a été entièrement détruite pendant la meurtrière guerre civile qui a opposé l'armée yougoslave, essentiellement serbe, à la population majoritairement croate de la ville, peu après que la Croatie a unilatéralement déclaré son indépendance le 25 juin 1991. La reconstruction de cette église, entièrement financée par l'État croate, manifeste une forme de pacification des relations avec les membres de la minorité serbe qui ont, malgré les massacres et les exactions perpétrés de part et d'autre, choisi de rester dans leur ville natale.

Fidèle de cette église, Miroslav, la quarantaine affable, explique qu'il est enseignant en liturgie dans une école publique croate. Tout en suivant le programme officiel de la Croatie, il enseigne exclusivement à des enfants serbes, en s'appuyant sur l'alphabet cyrillique (commun aux Slaves), et non l'alphabet latin (utilisé par les Croates). Ici, les écoles et la vie sociale sont totalement ségréguées. Les communautés ne se mélangent pas, mais elles ont appris à vivre en paix.

Pragmatique, Miroslav considère que cette séparation permet, en fait, de diffuser et renforcer la culture serbe parmi les jeunes. Il nous conseille de visiter une autre église serbe, Crkva Sv. Peske, établie dans le parc naturel Adica, à quelques kilomètres de la ville. Elle aussi a été entièrement détruite pendant la guerre, puis reconstruite et richement décorée du sol au plafond, sans qu'il ne reste aucune trace des destructions passées. L'ambiance est bucolique, les familles s'y détendent au cœur d'une forêt ancienne parfaitement entretenue. Un peu plus loin, un ruisseau surplombé d'un joli pont en bois, des jeux pour enfants et les inévitables pistes cyclables. Mais de retour à Vukovar, l'émotion étreint le visiteur en lui rappelant la dure réalité d'une ville qui a été détruite à 85 % il y a un peu plus de 30 ans et qui renvoie aux images actuelles des villes ukrainiennes soumises aux bombardements russes.

Si la ville a été en grande partie reconstruite, la municipalité a tenu à conserver soigneusement des stigmates de ce que les Croates appellent la « guerre patriotique ». Certains bâtiments sont volontairement restés dans l'état où ils étaient à la fin de la guerre. Le symbole le plus connu est le château d'eau qui domine la ville, et dont on a conservé les traces de son bombardement, visibles de loin. Plus discret, mais oh combien symbolique, le petit office de tourisme est abrité dans une maison dont seul le rez-de-chaussée a été rénové. L'étage en briques reste criblé de dizaines d'impacts de balles.

Les Croates ne veulent pas oublier. Le martyre de Vukovar est une tragédie qui entretient un nationalisme toujours à vif. Pendant trois mois de siège, entre le 24 août et le 19 novembre 1991, plus d'un millier de personnes ont été tuées et des dizaines de milliers ont fui la ville. Le recensement effectué cette même année comptabilisait 46 000 habitants, dont 21 000 Croates, 14 000 Serbes et une vingtaine d'autres nationalités. Depuis, la population a fondu de moitié et ne cesse de diminuer. D'où le sentiment très fort, quand on s'y promène, que cette ville est devenue beaucoup trop grande pour ses habitants.

Toujours pour ne pas oublier, cette fois les fastes passés de l'époque des Habsbourg, quand Vukovar, riche de son port sur le Danube, veillait aux confins de l'empire et commerçait entre Orient et Occident, la ville a conçu à grands frais un énorme musée. Celui-ci a été installé dans le palais Eltz, lui aussi complètement détruit pendant la guerre. Entièrement reconstruit et rénové, il a été rouvert dès 2011 après quatre ans de travaux. Ses salles d'exposition reflètent bien l'histoire tumultueuse de cette cité qui a connu plusieurs guerres et destructions, et a changé de nationalité à de nombreuses reprises, avec tout de même, de temps à autre, des périodes de paix et de prospérité.

On se demande, à cet instant, comment ses habitants ont eu à chaque fois le courage de reconstruire et de reprendre le cours normal de la vie. On se tourne alors vers le cours paisible du Danube qui, face à la ville, atteint, majestueux, 400 m de large.

Sur les berges, l'ambiance est paisible et familiale. On admire une cigogne qui a fait son nid sur la cheminée d'une haute maison de style baroque. Sur l'autre rive, la Serbie offre la vue de ses forêts et de ses champs. Des deux côtés, de belles terres arables constituent un magnifique grenier à blé.

Les blessures de la guerre sont très loin. Et puis, on découvre un panneau bleu étoilé annonçant avec optimisme une piste cyclable de l'Atlantique à la mer Noire. L'Union européenne est bien présente à Vukovar, dans une manifestation à la fois dérisoire et source d'espoir.

Vidin, pont de la nouvelle Europe

À la sortie des Portes de fer, le Danube, majestueux, dessine de larges courbes en S, alimentant de vastes plaines agricoles, aux frontières entre la Roumanie, la Serbie et la Bulgarie. Depuis juin 2013, un pont-rail et route de près de 2000 m de long l'enjambe entre les villes de Vidin en Bulgarie et Calafat en Roumanie. Visibles de très loin, ses quatre piles surmontées de grands pylônes blancs auxquels s'accrochent d'élégants haubans animent le paysage depuis 20 ans.

Ce pont de la nouvelle Europe est tout un symbole. Décidé dès 1993, peu après la chute du rideau de fer, il a été construit en grande partie sur financement de l'Union européenne (106 millions € sur un total de 275 millions). Il est le pendant du pont de l'amitié, inauguré en 1954 du temps de l'URSS,

350 km en aval, entre les villes jumelles de Ruse en Bulgarie et Giurgiu en Roumanie. Alors que le Danube sert de frontière aux deux pays sur 470 km, ce sont encore aujourd'hui les seuls ponts qui les relient. Ici plus qu'ailleurs, le Danube reste une frontière à la fois physique, politique, économique et culturelle. Les deux ponts, émanation de volontés politiques de puissances extérieures aux pays concernés, sont loin d'avoir renforcé les échanges entre les populations des deux pays.

En 1990, Vidin comptait environ 70 000 habitants. Aujourd'hui, ils ne seraient plus qu'une quarantaine de milliers, peut-être moins. Les traces de cet exode sont criantes : immeubles délabrés, maisons abandonnées, rues mal entretenues, ensembles HLM qui datent des années 1960 et crient la misère. Dans le même temps, toute la voirie du centre-ville a été refaite sur financement de l'Union européenne, proposant de grandes places et de jolies rues piétonnes. De beaux parcs ombragés et une large promenade piétonne offrent d'agréables flâneries le long du Danube.

Le contraste laisse perplexe. Deux permanents d'une ONG locale, Association Active Society, Maria et Emil, nous apportent des explications. Leur modeste association qui bénéficie de quelques financements de l'Union européenne, mais d'aucun soutien de la municipalité, s'adresse, depuis sa création en 2012, aux jeunes de Vidin pour leur donner les moyens de vivre sur place. « Les jeunes partent parce qu'il n'y a pas de travail ici » constatent-ils simplement. On se dit alors que l'urgence pour l'Union européenne aurait pu être de favoriser la création d'emplois plutôt que de financer un joli centre-ville.

Profondément proeuropéens, Maria et Emil se refusent pourtant à attribuer les difficultés de leur ville aux décisions de l'Union européenne. Pour eux, les responsables du marasme local sont les hommes politiques nationaux et les élus de la municipalité. Ils dénoncent une corruption généralisée, du sommet de l'État jusqu'au petit fonctionnaire. Ils s'insurgent contre le fait qu'à chaque élection, tous les quatre ans, les politiques appliquent le système des dépouilles, en changeant une bonne partie du personnel administratif et en détruisant le travail qui a été fait par leurs prédécesseurs. Emil ajoute même avec amertume que les habitants de Vidin ne sont pas prêts à saisir les opportunités que leur offre l'Europe, précisant : « Il faudra bien 20 à 30 ans pour changer les mentalités. »

Pour sa part, Maria déplore le fait que la municipalité ne fasse rien pour développer le tourisme, alors que la ville possède de beaux atouts, comme l'imposante forteresse ottomane Baba Vida, construite sur les remparts d'une ancienne cité romaine et dont les vieilles pierres, laissées à l'abandon, surplombent le Danube depuis le dixième siècle. Profondément attachée à sa ville et à son fleuve, Maria relève cependant avec une profonde tristesse dans la voix : « Le Danube, on ne peut que le regarder. Il ne s'y passe rien. Il n'existe aucune activité sportive. Il est interdit de s'y baigner, sans qu'on sache pourquoi. Les tours en bateaux qui existaient il y a quelques années ont disparu. Les rives du fleuve appartiennent à la municipalité et à l'État, qui ne veulent rien faire pour les valoriser. »

Le « port » de Vidin se limite à un bateau à quai qui fait office de restaurant, à quelques carcasses rouillées de navires abandonnés, et parfois à un bateau de croisière. De rares pousseurs qui peuvent propulser jusqu'à neuf barges poursuivent leur périple sans s'arrêter.

Le pont de la nouvelle Europe a-t-il au moins permis les développements économiques attendus ? En fait, son objectif premier a été de faciliter le transport de marchandises entre le Sud de l'Europe (Grèce et Turquie) et le Nord du continent jusqu'en Allemagne et au-delà. Ainsi, les camions peuvent effectuer ce trajet sans quitter le territoire de l'Union européenne, et donc sans subir de lourdes formalités douanières en passant par la Serbie ou le Kosovo. Le problème est que, 20 ans plus tard, si elles sont toutes deux membres de l'Union européenne, ni la Bulgarie ni la Roumanie n'ont été admises dans l'espace Schengen, faute d'avoir réalisé les réformes juridiques et policières exigées par Bruxelles. Survivance de la bureaucratie soviétique, les contrôles douaniers entre les deux pays sont toujours très tatillons. 7 000 camions, pour beaucoup turcs, bulgares, roumains, polonais, traversent le pont chaque jour. Mais au prix d'une attente interminable. Les voitures individuelles bénéficient d'une voie rapide, mais ce trafic demeure très faible. Les habitants des régions de Vidin et Calafat sont les derniers à utiliser ce pont. Comme Maria à propos du Danube, ils doivent se contenter de voir s'écouler, sans pouvoir en bénéficier, les richesses du monde.

Giurgiulesti, enclave moldave

Fruit d'une histoire mouvementée, le Danube réserve d'innombrables situations insolites. Parmi celles-ci, les 420 m de rives du fleuve que possède la Moldavie est l'une des plus remarquables. Ancienne république soviétique, la Moldavie a proclamé son indépendance en août 1991, après la dislocation de l'URSS. Enserré entre l'Ukraine et la Roumanie, ce petit pays d'à peine 2,7 millions d'habitants n'avait aucun accès à la mer. Miracle : en 1998, il a pu procéder à un troc territorial stratégique avec l'Ukraine.

Il se trouve qu'une importante autoroute ukrainienne de 300 km reliant Odessa sur la mer Noire aux ports d'Izmaïl et Reni sur le Danube traverse de manière incongrue un bout de Moldavie, au niveau de la petite ville de Palanca. Personne ne s'en préoccupait du temps de l'URSS. Mais l'Ukraine et la Moldavie étant devenues indépendantes, cela entraînait deux passages de frontière successifs avec les formalités et les délais afférents pour les véhicules ukrainiens empruntant cette autoroute. En échange de la libre circulation sur ce bout de route, la Moldavie a obtenu la propriété de quelques centaines de mètres le long du Danube, au niveau de la petite ville de Giurgiulesti. Ce qui lui donne un accès inespéré à la mer Noire via les trois principales branches du delta.

Jusqu'au 24 février 2022, cette situation n'était qu'anecdotique. L'invasion de l'Ukraine par la Russie et le blocus du port d'Odessa ont soudainement donné une importance stratégique au port de Giurgiulesti. Opéré par une filiale de la Banque européenne pour la Reconstruction et le Développement (BERD), celui-ci peut accueillir des navires de haute mer qui ont permis notamment d'évacuer les récoltes de blé ukrainien qui ne pouvaient plus utiliser le port d'Odessa. Céréales, huiles, vin, ferraille, pétrole sont ainsi acheminés par rail, route et bateau depuis cette minuscule enclave dont les clôtures jouxtent de hauts miradors aux frontières de l'Ukraine et de la Roumanie.

Comment ne pas repenser, devant cet ultime rebondissement de l'histoire, aux propos de Sebastian Rihm, le directeur du Donau Buro à Ulm ? « L'Union européenne s'est créée sur le Rhin ; le Danube est le fleuve de l'élargissement au sud-est du continent » m'avait- il expliqué avec conviction. « Le Danube nous rend l'Europe tangible. Il est inextricablement lié à notre histoire, et au futur du continent. » Le delta d'un fleuve ? Bien plus que cela, le delta de l'Europe.

ENTRETIEN

Birgit Vogel

« Pour le Danube, la chute du rideau de fer a tout changé »

Directrice exécutive de l'International Commission for the Protection of the Danube River (ICPDR) depuis le 1er août 2022, Birgit Vogel est une spécialiste reconnue de la gestion des grands bassins fluviaux dans le monde. Diplômée de l'Universität für Bodenkultur (BOKU) de Vienne, ingénieur en hydrobiologie appliquée et gestion des ressources en eau, elle est la première femme à diriger cette organisation internationale créée après la chute du rideau de fer. Elle me reçoit dans les bureaux de l'ICPDR, idéalement situés sur une île du Danube, au cœur du grand campus des Nations unies à Vienne.

Les fleuves sont votre passion. Et tout particulièrement le Danube. Au début de votre carrière, vous avez travaillé ici pendant cinq ans comme expert technique, avant de développer une expertise dans la gestion des grands bassins fluviaux en Asie du Sud-Est, en Inde ou encore en Afrique. Vingt ans après, vous êtes revenue à l'ICPDR comme directrice exécutive, avec la responsabilité de gérer un bassin fluvial qui couvre 14 pays et abrite 80 millions de personnes. Tout d'abord, quelle est votre relation personnelle avec le Danube ?

J'ai également des liens avec d'autres fleuves, comme le Mékong et le Gange, qui comptent beaucoup pour moi. Mais ma relation avec le Danube est particulière. J'ai toujours été liée à l'eau depuis mon enfance. Mais j'étais surtout attirée par les petites rivières, comme les affluents de la zone alpine. Je ne comprenais pas alors la fascination exercée par les grands fleuves.

Puis j'ai fait ici des études à l'Université des Ressources naturelles et des Sciences de la Vie (BOKU) et j'ai poursuivi dans des spécialités qui combinaient les impacts anthropogéniques sur les rivières (dus à l'activité humaine), les aspects juridiques et la question du traitement des eaux usées.

C'est à ce moment-là que je me suis intéressée de plus près aux grands fleuves.

Puis, alors que je travaillais à l'Université de Technologie de Vienne sur un projet relatif à la pollution de la mer Noire, mon chef m'a dit: « Savez-vous que pour la première fois, une étude conjointe sur le Danube (Joint Danube Survey) est prévue ? Il s'agit de prélever des échantillons le long du fleuve, depuis l'Allemagne jusqu'à la mer Noire. Seriez-vous intéressée ? » J'ai postulé et ai fait partie de l'équipe de base.

En 2001, nous avons donc descendu le Danube avec deux bateaux pendant plusieurs semaines. C'était une expédition scientifique. Je prélevais des échantillons de plantes aquatiques, essentiellement des macrophytes, et j'évaluais l'hydromorphologie du fleuve. J'ai été totalement fascinée par la diversité de la nature du Danube. Découvrir tous ces pays riverains et échanger avec les experts dans chacun d'eux, cela a complètement changé la donne pour moi.

Je suis vraiment devenue accro aux grands fleuves et bien sûr au Danube. Comme j'ai longuement parcouru tout le fleuve, c'est comme si chaque tronçon était ancré dans ma mémoire.

Depuis votre première expédition scientifique il y a plus de 20 ans, quelles sont les principales évolutions que vous avez constatées sur le Danube ?

Ce qui m'a vraiment impressionnée, aussi bien émotionnellement qu'intellectuellement, lors du premier Joint Danube Survey, en 2001, c'est qu'on pouvait voir toutes les séquelles de la guerre des Balkans. Les ponts sur le Danube à Novi Sad en Serbie étaient toujours écroulés après les bombardements de l'OTAN en avril 1999. Les terribles destructions de 1991 dues à la guerre civile à Vukovar en Croatie étaient très visibles.

Depuis, évidemment, tout a changé. Les protagonistes se sont assis autour de la table. Heureusement, la guerre des Balkans est terminée. C'est un exemple de coopération qui me donne aussi de l'espoir quand nous pensons à la guerre d'invasion de l'Ukraine. Oui, le Danube est un fleuve qui relie les gens entre eux.

Du côté des réalisations sur le plan technique, beaucoup de choses ont changé depuis la mise en place du premier plan de gestion du Danube en 2009. D'importantes améliorations sont intervenues, comme le traitement des eaux usées, pour lequel 30 milliards € ont été investis. Les émissions de pollutions organiques provenant des stations d'épuration ou des eaux usées non traitées ont aussi été réduites de 60 %.

Et je pourrais donner plus d'exemples comme celui-ci. Les changements sont donc très rapides.

L'ICPDR est une toute petite organisation internationale qui compte seulement neuf permanents et dispose d'un budget annuel d'à peine un million €. Ces moyens paraissent dérisoires quand il faut gérer le fleuve le plus international au monde, avec ses près de 3 000 km de long auxquels il faut ajouter les grands affluents. Comment travaillez-vous avec les gouvernements des 14 pays du bassin du Danube, auxquels il faut ajouter l'Union européenne ?

Le fait est que l'ICPDR est une organisation décentralisée depuis son entrée en activité en 1998. L'idée est d'avoir un petit secrétariat qui couvre les principaux sujets techniques et la communication. Pour chacun de ces chantiers, nous avons créé des groupes d'experts et des groupes de travail auxquels participent un à deux représentants par pays. Ceux-ci se réunissent deux fois par an pour discuter des principaux défis à relever.

Nous coordonnons beaucoup de choses, mais l'essentiel du travail est fait par les États. Nous avons une approche *bottom up* : nous utilisons les informations du niveau national, puis nous en faisons une synthèse correspondant aux besoins de l'ensemble du bassin et nous les renvoyons dans chaque pays. De cette manière, le niveau national sait ce qui doit être fait pour améliorer le niveau international. C'est donc un échange constant.

À ce propos, je voudrais donner l'exemple d'un autre bassin fluvial, celui du Mékong. Lorsque je travaillais là-bas, le secrétariat comptait 160 personnes, alors que le bassin ne couvre que quatre pays. Les défis y sont énormes également, mais la Mekong River Commission a commencé un travail de décentralisation. Ils ne sont plus maintenant que 100 au secrétariat, et ils continuent à réduire le personnel sur la base d'exemples comme celui du Danube.

Vous coordonnez le travail de pays qui ont à faire face à des problèmes différents les uns des autres. Comment faites-vous pour les concilier? Par exemple, si un pays veut construire un barrage et qu'un État frontalier ou en aval s'y oppose, pouvez-vous jouer un rôle dans ce conflit?

Vous savez, sur la majorité des sujets, tous les pays sont confrontés à des questions similaires. Nous y répondons en nous mettant d'accord sur les solutions qui concernent tous les États, et nous adressons uniquement les sujets qui sont importants à l'échelle de l'ensemble du bassin. Nous ne nous occupons donc pas de sujets qui seraient pertinents pour un pays en amont et pas pour un pays en aval.

Dans le cas des barrages, les conventions européennes prévoient une notification obligatoire des États concernés, des consultations préalables et un examen des éventuels impacts négatifs.

Le conflit pour des raisons écologiques entre la Slovaquie et la Hongrie à propos du très grand barrage de Gabcikovo–Nagymaros, à la frontière entre les deux pays, a été porté au début des années 1990 devant la Cour Internationale de Justice de La Haye. Mais à ce moment-là, les deux États n'étaient pas encore membres de l'Union européenne.

Au début des années 2000, alors qu'elle n'avait pas encore adhéré à l'Union européenne, la Roumanie est entrée en conflit avec l'Ukraine à propos du canal de Bistroye, à la frontière entre les deux pays, dans le delta du Danube. L'intervention de l'ICPDR a été sollicitée. Ce cas a été discuté au cours de nos séances plénières. Mais nous avons toujours tenu à adopter une position de stricte neutralité. La Commission économique des Nations unies pour l'Europe (UNECE) est également intervenue dans le cadre de sa convention sur l'impact environnemental.

Aujourd'hui, du fait de la législation européenne, je ne peux pas imaginer qu'un État du bassin du Danube puisse décider de construire une grande infrastructure sans en informer les autres pays. Les conséquences seraient trop graves.

L'ICPDR parvient ainsi à être efficace en s'appuyant sur les directives européennes, puisque la plupart des pays riverains du Danube font partie de l'Union européenne ou s'apprêtent à en faire partie ?

Les directives européennes nous aident beaucoup. C'est une législation commune qui doit être mise en œuvre et qui engage aussi les États non-membres qui souhaitent le devenir. Les choses sont plus faciles que si nous étions 14 pays avec des législations différentes. Cela étant, nous constatons à travers l'exemple d'autres bassins fluviaux à travers le monde que les conditions juridiques ne sont pas indispensables. Ce qui marche en priorité, ce sont les règles de coopération et de confiance entre les pays.

Dans ce sens, la situation du Danube est très spéciale. La chute du rideau de fer a tout changé. Les pays d'Europe de l'Est et du Sud-Est ont vraiment voulu coopérer et cela les a aidés à rejoindre l'Europe. Ce processus s'est déroulé très rapidement. Au moment de la signature de la convention de Sofia qui a décidé de la création de l'ICPDR en 1994, un seul État riverain, l'Allemagne, était membre de l'Union européenne. L'Autriche a adhéré un an plus tard, en 1995 et, petit à petit, les autres États ont suivi. Je pense que le Danube a vraiment servi de lien pour rassembler tous ces pays. Cela a été un processus d'apprentissage entre les pays du bassin du Danube. Comme je l'ai déjà mentionné, nous ne devons pas oublier la guerre des Balkans qui a constitué un énorme défi. Mais, même au plus fort du conflit, l'ICPDR a pu maintenir la coopération entre les États concernés sur les projets qu'il menait.

Une autre organisation internationale, la Commission du Danube, basée à Budapest, a été créée dans sa forme actuelle en 1948, au lendemain de la Seconde Guerre mondiale, dans une Europe divisée en deux blocs antagonistes. L'ICPDR a été fondée après la chute du rideau de fer, dans une Europe largement réunifiée. Les cultures historiques et politiques des deux organisations sont très différentes. L'ICPDR est composée de techniciens, la Commission du Danube de diplomates. Comment vous répartissez-vous les responsabilités sur le Danube ? Et comment collaborez-vous ?

Les deux organisations ont des origines très différentes. Les questions de navigation, prises en charge par la

Commission du Danube, ont été le premier thème de coopération internationale sur le fleuve. Puis, dans les années 1980, les questions environnementales ont émergé et ont abouti à la convention qui a créé l'ICPDR.

Nous travaillons en bonne intelligence avec la Commission du Danube. Nous avons signé en 2007 une déclaration commune sur la navigation, ainsi qu'avec la Commission de la Save, l'important affluent qui rejoint le Danube à Belgrade. Nous sommes convenus que le développement de la navigation doit être considéré au même niveau que les exigences environnementales. Depuis, les trois commissions, Danube, Save et ICPDR, se réunissent tous les ans pour travailler ensemble.

En ce qui me concerne, j'échange souvent avec le directeur de la Commission du Danube car si nous ne sommes pas responsables de la navigation, la navigation est un grand utilisateur d'eau. C'est une relation très ouverte.

Par exemple, à l'été 2022, une très forte sécheresse a impacté le niveau d'eau du Danube, limitant fortement la navigation sur le fleuve, et créant dans le même temps d'importants problèmes environnementaux. Comment avez-vous coopéré ?

Dans des cas comme celui-là, vous devez nécessairement vous parler pour envisager des solutions. Surtout, vous devez envisager l'avenir, car le changement climatique est là pour durer. Nous estimons de manière réaliste qu'il y aura d'autres sécheresses, même plus importantes. Nous avons donc repris notre déclaration commune de 2007 et décidé de renforcer la composante relative au changement climatique et à la sécheresse. Concrètement, cela signifie : comment allons-nous lutter contre les sécheresses, ou tout au moins limiter leurs effets ?

À l'ICPDR, nous ne pouvons malheureusement pas empêcher le changement climatique. Ce n'est que par le dialogue que nous déterminerons ce qu'il est envisageable de faire quand le niveau de l'eau est bas. Nous devons avoir des approches innovantes avec, par exemple, des mesures flexibles sur les portions du Danube où le niveau est faible.

Nous échangeons également avec l'organisme spécialisé Viadonau qui dépend du ministère autrichien des Transports et qui a pour mission de développer le Danube en tant que voie navigable. Nous travaillons avec toutes les parties prenantes dans une vision holistique prenant en compte aussi bien les questions économiques qu'environnementales.

À titre personnel, je pense que la coopération entre différents secteurs et le travail d'intégration nécessaire vont nous poser des défis comme jamais auparavant, car nous ne pouvons pas influencer le climat. Nous devons donc faire preuve de créativité, de sophistication dans la recherche de solutions et d'ouverture d'esprit.

Concernant la pollution des eaux du Danube, quelles actions menez-vous, et comment pouvez-vous améliorer la situation ?

En ce qui concerne la pollution, le monitoring et le contrôle sont indispensables. L'ICPDR a une forte tradition en matière de monitoring de la pollution, pas seulement des nutriments, mais aussi des nouveaux polluants émergents, des substances dangereuses ou encore des microplastiques. Pour comprendre la situation et assurer ce suivi régulier, il est important de faire des mesures. Si nous ne savons pas ce qui se trouve dans notre eau, nous ne pouvons pas réaliser d'évaluation. Et sans évaluation, nous ne pouvons rien améliorer.

Les méthodes et les technologies de monitoring deviennent de plus en plus sophistiquées, ce qui nous permet de découvrir un grand nombre de nouveaux polluants. Cela ne veut pas dire automatiquement que leur impact est négatif: nous devons nous interroger sur ce polluant, s'il est nocif, s'il est toxique pour les animaux et les plantes ou encore pour les humains. Ensuite, il faut savoir comment éventuellement réduire ces émissions.

La question du traitement des eaux usées est aussi une vraie préoccupation, notamment dans les Balkans où certains pays sont candidats à l'entrée dans l'Union européenne. Pour adhérer, ils doivent auparavant appliquer les directives de l'Union européenne sur la pollution et le traitement des déchets. Les aidez-vous à remplir leurs engagements vis-à-vis de Bruxelles ?

Nous avons une stratégie du traitement des eaux usées dans le bassin du Danube, et nous formulons des recommandations dans ce sens. La situation ne cesse donc de s'améliorer, ce qui a pour conséquence de réduire la pollution. Pour les pays candidats à l'Union européenne, nous les aidons à comprendre les enjeux et à suggérer des mesures qu'ils mettent en œuvre au plan national.

J'ajoute que plusieurs organismes de financement comme la Banque mondiale aident aussi ces pays à développer leurs infrastructures de traitement des eaux usées et à construire des stations d'épuration. Mais évaluer les situations de base est essentiel. Ce qui est notre rôle.

Le gigantesque delta par lequel le Danube se jette dans la mer Noire couvre 3 200 km². Inscrit au patrimoine mondial de l'Unesco, il constitue une incomparable réserve de biodiversité qui abrite l'une des plus grandes roselières au monde, avec plus de 300 espèces d'oiseaux (dont l'emblématique pélican), 85 espèces de poissons, une flore et une faune uniques. Quelles actions menez-vous pour préserver cette réserve naturelle en Europe ?

Jusqu'à récemment, nous ne traitions pas vraiment des questions de biodiversité. Mais, dans le bassin du Danube comme à l'échelle mondiale, cette question devient de plus en plus importante.

La directive-cadre sur l'eau de l'Union européenne définit depuis 2000 des règles de protection des eaux de surface dans l'ensemble des États membres en fixant des conditions de référence au niveau écologique, et par conséquent, également biologique. Par exemple, si j'ai recensé 85 espèces de poissons, et que finalement je n'en trouve plus que 80, cela signifie que j'ai un problème de disparition de cinq espèces. C'est pourquoi nous avons commencé à nous intéresser à la biodiversité aquatique pour l'aborder de manière plus précise.

L'ICPDR a fait des esturgeons du Danube, une espèce en risque d'extinction, le symbole médiatique de son combat pour un fleuve en bonne santé. Vous avez même

créé une mascotte, Steve l'esturgeon. Cela peut apparaître principalement comme une opération de communication. Mais cela relève-t-il d'objectifs plus fondamentaux ?

L'esturgeon est une espèce de poisson impressionnante qui peut vivre jusqu'à cent ans ; il est donc très sensible aux évolutions de son environnement. En fait, c'est parce que nous aimons nos esturgeons que nous pensons qu'ils sont un bon vecteur de communication. Le programme Danube Sturgeon Task Force vise à améliorer leur habitat, ainsi qu'à lutter contre la pêche illégale et le trafic de caviar.

Surtout, Steve l'esturgeon est le symbole de la connectivité du fleuve. Les esturgeons sont des poissons migrateurs qui remontent le Danube depuis la mer Noire. Nous devons trouver le moyen de leur faire passer le très important barrage hydroélectrique des Portes de fer, à la frontière entre la Roumanie et la Serbie. On imagine par exemple un canal de contournement qui leur serait destiné. Mais nous examinons d'autres projets en coordination avec des biologistes et nous espérons aboutir d'ici quelques mois.

L'Union européenne nous aide beaucoup aussi. Fin 2022, elle a débloqué un budget de 12 millions € allant jusqu'en 2030 et impliquant sept pays le long du Danube pour stabiliser les populations de quatre espèces d'esturgeons. Ce projet, LIFE Boat 4 Sturgeons (un canot de sauvetage pour l'esturgeon), prévoit la création de deux banques génétiques avec des stocks de géniteurs en Autriche et en Hongrie et des lâchers de juvéniles dans le fleuve. Une station d'élevage existe déjà ici à Vienne et 240 000 petits esturgeons ont été lâchés dans le Danube fin 2022.

Quel est, pour ce fleuve auquel vous avez consacré une bonne partie de votre vie professionnelle, le défi principal des années à venir ?

Incontestablement, ce sera le changement climatique. C'est un énorme défi. Nous avons parlé de la sécheresse, mais il y a aussi des risques importants d'inondations qui seront plus fréquentes que dans le passé. D'une manière générale, nous devrons gérer des événements de plus en plus extrêmes. Nous n'avons pas encore toutes les solutions. Mais il est certain que seule une coopération étroite entre pays riverains du Danube nous permettra de trouver des réponses efficaces.

ENTRETIEN

Arpad Soltesz

« La monarchie austro-hongroise nous a laissé un héritage »

Arpad Soltesz, 54 ans, est journaliste, romancier et commentateur politique à la télévision slovaque. Il a publié deux romans traduits en français aux Éditions Agullo, *Il était une fois dans l'Est* (2019) et *Le Bal des porcs* (2020). Basés sur des enquêtes qu'il a réalisées comme journaliste, ces ouvrages décrivent, avec des mots très crus et une tonalité particulièrement sombre, un univers de corruption, de criminalité, ainsi que de violences sociales et politiques. Personnage déroutant et attachant, Arpad Soltesz m'a reçu chez lui à Bratislava dans un appartement moderne encombré de livres et d'une multitude d'ours en peluche qu'il collectionne depuis l'enfance. Je l'ai ensuite accompagné dans une de ses promenades favorites, jusqu'au large pont sur le Danube qui domine le port de la capitale slovaque, loin des attractions touristiques de la ville.

Vous êtes né à Kosice, deuxième ville de Slovaquie, à l'extrême est du pays, aux frontières de la Hongrie, de l'Ukraine et de la Pologne. Vous avez vécu quelques mois en Allemagne avant de revenir dans votre pays, juste après la chute du rideau de fer. Vous vivez maintenant à Bratislava. Des hauteurs de votre appartement situé dans un immeuble

moderne, vous voyez tous les matins le soleil se lever sur le Danube. Que représente pour vous ce grand fleuve qui relie dix pays d'Europe centrale et de l'Est ?

Au début, j'étais assez indifférent. Mais j'ai appris à aimer ce fleuve. J'aime ce paysage industriel avec son grand pont et les grues du port que je vois depuis mes fenêtres. J'ai choisi d'habiter dans ces nouveaux gratte-ciel construits au bord du Danube dans un ancien quartier de Bratislava, et j'ai précisément opté pour cet appartement afin de bénéficier de cette vue. Je fais aussi de longues promenades le long du Danube et aime beaucoup prendre des photos du haut du grand pont routier et ferroviaire qui domine le port. Donc, oui, j'aime le Danube, mais ce n'est pas une relation exceptionnellement forte.

J'ai toujours eu envie de faire un voyage en bateau sur le fleuve, mais je n'ai jamais pris le temps de le faire. Ainsi, il y a quelques semaines, pour la promotion d'un de mes livres traduit en serbe, j'étais à Novi Sad et à Belgrade, deux grandes villes sur le Danube. Mais c'était plus simple de prendre le bus en bas de chez moi jusqu'à Schwechat, l'aéroport de Vienne, et ensuite l'avion pour Belgrade.

Grâce à l'intégration européenne, les frontières ont quasiment disparu le long du Danube. Vous pouvez vous rendre en toute liberté à Vienne, Budapest, Bucarest, etc. Près de Bratislava, un affluent du Danube, la Morava, a longtemps constitué une frontière meurtrière pour ceux qui voulaient passer à l'ouest. Aujourd'hui, toute trace des barbelés et des miradors a disparu, et une piste cyclable au

milieu d'une plaine alluviale sauvage permet de passer en Autriche sans même un panneau qui signale le changement de pays. Vous qui avez connu la période du rideau de fer, comment vivez-vous cette évolution ?

Pour moi, cela signifie énormément de choses. Nous nous sommes très vite habitués à cette facilité. La liberté, c'est comme l'air. Quand vous en disposez, vous ne vous en rendez même pas compte. C'est seulement quand vous la perdez – et je crains que nous soyons en train de la perdre à nouveau – que vous vous rendez compte que vous en avez vraiment besoin. J'ai vécu quelques années avec ma petite amie en Hongrie à Mosonmagyarovar, une belle petite station thermale. C'était en fait à une demi-heure de mon lieu de travail à Bratislava. J'y arrivais plus vite que mes collègues vivant dans d'autres quartiers de la capitale. Nous avons adoré. Je faisais de longues courses à pied qui me conduisaient de la Hongrie ou de la Slovaquie à l'Autriche et vice-versa. On ne se rendait même pas compte qu'on avait passé la frontière. Tous les jours, de nombreux habitants de Bratislava font la navette avec l'Autriche ou la Hongrie.

Cela veut dire que les frontières physiques sont bien abolies. Mais qu'en est-il des relations entre les gens ? Se sentent-ils plus proches ? Il est frappant de constater qu'il n'existe plus aucun transport fluvial régulier de passagers entre Bratislava et Budapest (160 km) et, sauf quelques mois l'été, entre Bratislava et Vienne (75 km), alors que grâce à la navigation sur le Danube, ces villes ont partagé une grande proximité politique, économique et culturelle tout au long de l'histoire.

La mentalité est globalement la même. C'est l'héritage commun que nous a laissé l'ancienne monarchie austro-hongroise. Mais la barrière de la langue reste importante. Il y a 15 ou 20 ans, des tensions très fortes ont été créées pour des raisons politiques entre les Slovaques et les Hongrois. Cela a artificiellement provoqué beaucoup de haines.

On peut dire cependant que les difficultés de cette relation ont un fondement rationnel. Les Hongrois n'ont toujours pas accepté le traité de Trianon[1] de 1920 qui a, entre autres, séparé la Slovaquie de la Hongrie. Ce traumatisme, toujours vivant, fait qu'ils ne reconnaissent pas vraiment la réalité de la République slovaque. Ils estiment que celle-ci n'existe qu'à leurs dépens.

C'est un sentiment très répandu dans la population en Hongrie. Je suis moi-même d'origine ethnique hongroise. Je sais ce que pensent les gens. Lorsque je vivais à Mosonmagyarovar, j'avais de très bons voisins, très sympathiques. Ma petite amie ne parlait pas le hongrois, mais ça n'a jamais été un problème ; ils plaisantaient souvent avec elle.

Mais dès que vous parlez politique, vous constatez que la partition de la Slovaquie est toujours très présente dans leur esprit. Ils pensent que la Slovaquie est un État créé artificiellement. C'est un point de vue très similaire à celui des Russes vis-à-vis de l'Ukraine : la Slovaquie n'a pas le

1 Ce traité a été signé le 4 juin 1920 au château du Grand Trianon de Versailles, entre la Hongrie et les puissances victorieuses de la Première Guerre mondiale (dont la France et le Royaume-Uni). Placée dans le camp des vaincus, la Hongrie voit son territoire démantelé : elle perd un tiers de sa population et une grande partie de ses richesses minières et industrielles.

droit d'exister. Pour eux, les Slovaques sont simplement des Hongrois qui parlent une autre langue.

Il existe effectivement une forte minorité hongroise en Slovaquie. Mais vous-même, en tant que citoyen slovaque dont le pays a, au cours de son histoire, fait partie alternativement de la Hongrie et de la Tchécoslovaquie, pensez-vous que vous êtes un véritable État ou que vous êtes condamné à n'être qu'une partie d'une plus grande entité?

C'est un peu compliqué. Les Slovaques pensent souvent que la nation la plus proche d'eux en Europe est la République tchèque. Nous entretenons de très bonnes relations avec les Tchèques, surtout depuis la séparation entre nos deux pays. Les Tchèques ont toujours exprimé des sentiments négatifs à l'égard des Slovaques parce qu'ils avaient le sentiment que ceux-ci vivaient à leurs dépens.

De leur côté, les Slovaques ressentaient une forme d'arrogance de la part des Tchèques. Ils avaient le complexe du petit frère vis-à-vis de son aîné. Mais, depuis le 1er janvier 1993, nous sommes deux pays distincts et nous sommes vraiment devenus les meilleurs amis du monde. Nous continuons à lire en tchèque et à regarder la télévision tchèque. Les Tchèques ne parlent pas beaucoup le slovaque, mais les Slovaques restent très liés à la Tchéquie. 200 000 Slovaques vivent à Prague et ils s'y sentent vraiment chez eux.

Toutefois, même si cela peut paraître paradoxal, nous sommes culturellement beaucoup plus proches des Hongrois. Alors même que les Slovaques ne comprennent pas le hongrois. Les modèles culturels qui régissent réellement la société et la mentalité slovaques ressemblent plus à ceux de la Hongrie qu'à ceux de la Tchéquie.

Finalement, qu'est-ce qui définit une nation ? Essentiellement une langue commune. Or, la langue slovaque moderne est une construction artificielle élaborée au dix-neuvième siècle. Il existait alors une multitude de dialectes très différents qui sont d'ailleurs toujours présents dans le pays. Quelqu'un de l'ouest de la Slovaquie, s'il parle son propre dialecte, est quasiment incapable de comprendre quelqu'un qui vient de l'est du pays et inversement.

Encore aujourd'hui, tous ceux qui veulent parler correctement le slovaque moderne doivent l'apprendre à l'école. Si, par exemple, vous commencez à travailler pour une chaîne de télévision, on vous prévient tout de suite que vous allez devoir apprendre à parler correctement le slovaque. Toujours est-il qu'au dix-neuvième siècle, des groupes de personnes qui parlaient plusieurs dialectes slovaques vivaient dans la partie la plus éloignée et la plus désolée du royaume de Hongrie. Et ce même royaume était lui-même la partie la plus lointaine et la plus sous-développée de ce qui est l'actuel monde occidental.

Cette histoire de la Slovaquie actuelle, c'est un peu le résumé de l'histoire des pays traversés par le Danube ?

Oui, nous avons créé une nation à partir d'une population qui n'était pas en mesure de gérer son propre État. C'est l'un des pères de la Slovaquie moderne, l'homme politique et philosophe Ľudovít Štúr (1815-1856) qui, en partant des différents dialectes, a codifié au début des années 1840 la langue slovaque. Il a aussi beaucoup écrit sur la nation. Il décrit dans ces textes une société extrêmement pauvre, sans éducation, avec de forts problèmes d'alcoolisme et de consanguinité dans des communautés isolées.

Bien sûr, il y avait aussi des Slovaques éduqués qui étaient parfaitement intégrés et assimilés dans la majorité hongroise, comme nous avons aujourd'hui des Roms éduqués et aisés qui sont si bien intégrés qu'ils peuvent même oublier qu'ils sont d'origine rom.

Nous avons donc créé une nation à partir d'une population qui n'était pas en mesure de gérer son propre État. Sans les Tchèques qui étaient beaucoup plus développés, rien n'aurait fonctionné après le traité du Trianon. La décision prise par les grandes puissances qui avaient gagné la guerre de 1914-18 de créer la Tchécoslovaquie, avait pour seul objectif d'affaiblir le royaume de Hongrie. Cette décision a été prise sans aucune consultation des Tchèques et des Slovaques.

Les responsables tchèques ont toutefois accepté que la Slovaquie soit un État à l'intérieur des frontières de la Tchécoslovaquie. Ils ont donc investi d'importantes ressources économiques et beaucoup d'énergie pour aplanir les différences régionales. Ils ont introduit une sorte de démocratie moderne dans cette partie du pays. Ils ont éduqué la majeure partie de la population. Ils ont fait venir des enseignants, des fonctionnaires, des juges. L'ensemble de l'appareil d'État était tchèque, ce qui nous a permis d'atteindre presque le même niveau de développement qu'eux.

Cela a duré environ 20 ans. Puis est arrivée la Seconde Guerre mondiale, et Adolf Hitler a octroyé l'indépendance

à la Slovaquie qui est devenue un État fantoche avec cependant le soutien politique d'une bonne partie de la population. C'est ainsi qu'en appui au régime nazi, l'État slovaque a déporté 70 000 juifs qui étaient pourtant ses citoyens.
Selon l'historiographie officielle, la Slovaquie a ensuite été libérée par les Soviétiques, mais ce n'était évidemment pas un pays libéré. Pendant 20 ans, il s'est agi d'une sorte d'occupation politique douce. Et puis en 1968, à la suite du printemps de Prague, les Soviétiques nous ont occupés militairement. Nous n'avons donc bénéficié d'une certaine démocratie que pendant une vingtaine d'années. Ce n'est pas une période suffisante pour changer les mentalités.

Moins de trois semaines après l'invasion de l'Ukraine par la Russie, vous avez publié une tribune dans *Le Monde*, intitulée : « Nous autres Slovaques, nous savons exactement ce que cela signifie d'être libérés par nos frères slaves russes. » Vous écrivez ainsi : « Nous n'avons pas choisi cette guerre. Nous ne l'avons pas commencée, nous ne la voulons pas, mais nous n'avons pas d'endroit où lui échapper. Elle viendra nous chercher. » Que voulez-vous dire exactement ?

Notre stratégie de survie pendant mille ans a été de ne jamais nous battre. Nous sommes une nation, mais une nation très lâche. Nous ne nous sommes jamais battus pour quoi que ce soit, même pas pour créer notre pays. Nous avons toujours agi ainsi, avec toutes les forces d'occupation. Nous sommes probablement le seul pays au monde qui, en l'espace d'un demi-siècle, a été occupé militairement deux fois par ses propres alliés, sans qu'aucun coup de feu n'ait été tiré. Cela a d'abord été les Allemands, puis les Soviétiques. Nous n'avons jamais résisté. Nous avons toujours coopéré pour survivre. C'est la mentalité qui règne dans le pays. C'est pourquoi il est évident que nous perdrons à nouveau notre liberté.

Notre liberté actuelle, nous l'avons obtenue gratuitement, sans que nous fassions le moindre effort pour la conquérir. Elle n'a donc aucune valeur. Lorsque l'Union soviétique s'est effondrée en 1989, les communistes tchécoslovaques ont simplement abandonné le pouvoir politique en échange de leur impunité. Il n'y a pas eu de combat, pas un coup de feu. Ensuite, lorsque le Premier ministre slovaque Vladimir Mečiar et le président du gouvernement tchèque Vaclav Klaus ont décidé en 1992 de séparer les deux républiques fédérées, les populations n'ont pas été consultées. Il n'y a même pas eu un référendum. Les sondages montraient bien que la majorité était contre, mais personne n'a résisté.

Aujourd'hui encore, tous les sondages indiquent que la majorité des Slovaques se range du côté des Russes dans la guerre en Ukraine. Ce n'est pas parce qu'ils apprécient les Russes. Ils les détestent pour leur brutalité. Mais en même temps, comme ils les craignent, ils se comportent plutôt comme s'ils étaient des amis. Comme tout au long de notre histoire, nous acceptons d'être contraints par la force, d'être brutalisés, mais tant qu'on ne nous tue pas, nous considérons que ce n'est pas si grave.

Pal Hatos

« Le Danube est un pont qui relie les destins des peuples qui le bordent, un appel à la paix »

Diplômé en littérature et en histoire, Pal Hatos dirige depuis 2019 l'Institut des études d'Europe centrale, au sein de l'Université nationale du service public à Budapest. Parfaitement francophone, il a effectué une partie de ses études à l'Université de Genève, à l'Institut protestant de Montpellier et à la Sorbonne. Il me reçoit dans son vaste bureau installé dans une ancienne caserne du centre de Budapest magnifiquement rénovée pour accueillir chercheurs, diplomates et hauts fonctionnaires hongrois. Pour notre première rencontre, il avait choisi un café d'un vieux quartier de Pest, centre de la vie culturelle. Alors que Buda est dominée par ses collines, Pest s'étire lentement le long des berges du Danube. Rassemblées en une seule ville en 1873, Buda et Pest continuent à se faire face. Sur une rive, l'ancien pouvoir royal est représenté par l'imposant complexe architectural de son château, sur l'autre, le pouvoir du peuple hongrois est magnifié par le style néogothique de son impressionnant Parlement, l'un des plus grands d'Europe. Cet ensemble unique traversé en majesté par le Danube explique l'attachement profond des habitants de Budapest à leur fleuve, bien au-delà des événements tragiques dont il a été le témoin, tout au long de l'histoire.

Le début du vingtième siècle, une époque très troublée en Europe centrale, a été marqué en Hongrie par l'émergence de nombreux poètes dont le souvenir est toujours très vif. Quel a été l'impact à ce moment-là d'une personnalité comme Endre Ady (1877-1919), considéré comme l'un des plus grands poètes hongrois du vingtième siècle?

Il est vrai que la poésie a toujours occupé une grande place dans le monde politique en Hongrie. Cela a surtout été le cas au dix-neuvième et au vingtième siècles. Ça l'est moins de nos jours. Les deux poètes les plus connus sont Endre Ady et Attila Yozsef.

Endre Ady est né en 1877 en Transylvanie, dans l'Est de la Hongrie. Son village natal qui est maintenant en Roumanie, a été renommé pour porter son nom. Endre Ady était proche d'Octavian Goga, homme politique roumain, également poète qui, après la mort de son ami hongrois, a acheté son manoir à sa veuve. Endre Ady a donc établi un pont entre deux cultures par nature opposées à cause de la question de la Transylvanie qui a été pendant des siècles sous domination hongroise, et du fait des difficultés de cohabitation entre les peuples roumain et hongrois.

Endre Ady était issu de la petite noblesse, mais il était extrêmement populaire. Sa carrière a été très courte, à peine une décennie. Ses premiers poèmes, publiés en 1906, ont vite fait sensation. Il est mort à 41 ans, en janvier 1919, dans une période de crise, juste après la Grande guerre et la destruction de la Grande Hongrie. Il s'est rendu à Paris deux ou trois fois dans sa vie, et sa grande expérience poétique a été la découverte de Baudelaire. L'un des thèmes majeurs qu'il a développés a été celui de la décadence, personnelle, culturelle, comme celle de la Hongrie.

En fait, Endre Ady a été bien plus qu'un poète. Il a été le symbole d'un nationalisme qui porte le drapeau du progrès et le respect du droit. Il a été très inspiré par le nationalisme libéral découvert en France. C'est un personnage qui fait partie de l'histoire de la Hongrie, et pas seulement de sa littérature.

Une grande statue en bronze du poète Attila József (1905-1937) a été symboliquement installée près de l'imposant bâtiment du Parlement à Budapest. Il regarde, l'air pensif, couler le Danube. Dans un de ses poèmes, *A Dunánál* («Auprès du Danube»), il écrit:
«Ma mère fut cumane, mon père sicule à moitié,
ou roumain tout à fait, peut-être, qui sait (...)
Du Danube, tout entier passé, présent et avenir,
les tendres flots viennent à s'enlacer.»
Le Danube relie tous ces peuples à l'histoire enchevêtrée, souvent tragique. À l'évocation de ces vers d'Attila József, que représente le Danube dans l'évolution historique de la région?

Vous avez raison de citer ce poème d'Attila József. Chose très rare en Hongrie, ce poète, qui était d'une grande érudition philosophique, était issu du prolétariat urbain, contrairement à Endre Ady, par exemple. Mais ils étaient des pairs en poésie. Ce dernier a ainsi écrit un poème où il dit:
«Hongrois, Roumain, Slave? Le deuil
Reste le même deuil toujours (...).
Danube et Olt ont même voix.»

Affluent du Danube qu'il rejoint en Valachie, dans les grandes plaines du Sud de la Roumanie, l'Olt naît dans les Carpates en pleine terre des Sicules hongrois de Transylvanie. Endre Ady exprime ainsi la convergence des deux peuples, roumain et hongrois. C'est pourquoi ce poème est aussi très connu en Roumanie où il a été traduit. Il a été notamment célébré pendant la période communiste au nom de l'internationalisme socialiste. Le Danube est paradoxalement présenté comme un pont qui relie les destins de ces petits peuples de la vallée du Danube qui se sont trouvés à la croisée des malheurs de l'histoire. Pour Attila József comme pour Endre Ady, face à ces tragédies, il s'agit d'un appel à la paix dans la période de l'entre-deux-guerres.

Face à l'entrée du Parlement, le Premier ministre Viktor Orban a inauguré en 2020 un Monument de la solidarité nationale. C'est une longue trouée noire qui s'enfonce lentement dans le sol. Sur ses flancs de granit sont inscrits les noms des 12 000 villes et villages que la Hongrie a perdus à la signature du traité de Trianon, le 4 juin 1920. Défait pendant la guerre de 1914-18, le royaume de Hongrie a, à cette occasion, perdu les deux tiers de son territoire et 3,3 millions d'habitants. Que représente pour vous ce monument ?

Le traité de Trianon marque la fin de la Hongrie historique. Pour une partie de la gauche hongroise et européenne, ce monument est l'expression de la nostalgie de l'impérialisme hongrois. Mais si vous examinez le symbolisme inconscient de ce monument voulu par Viktor

Orban, cette descente dans le sol correspond à un tombeau. C'est la définition de Paul Ricœur : l'histoire n'est rien d'autre que la mise au tombeau du passé.

Paradoxalement, ce que nous avons perdu avec le traité de Trianon, ce n'est pas la gloire, mais l'illusion de la gloire. Parce que la Hongrie d'avant 1918 n'était pas une grande puissance. Elle n'était qu'une partie de l'empire austro-hongrois, qui était lui-même le moins puissant des empires de l'époque. Mais comme l'a écrit Julien Green, l'amour du mensonge reste toujours l'amour. Donc, il s'agit peut-être d'un mensonge, mais c'est le mensonge que nous avons construit.

Dans l'esprit de Viktor Orban, la Hongrie a connu une parenthèse historique tragique entre 1918 et la fin du vingtième siècle, avec la perte de la Grande Hongrie, les deux guerres mondiales, l'époque communiste. Mais maintenant avec lui, c'est le renouveau. Bien sûr, c'est un discours politicien, mais en même temps c'est un cadre symbolique tout à fait acceptable de la mémoire collective pour la plupart des Hongrois.

En fait, on sent avec la construction de ce monument qu'il s'agit d'une époque révolue parce que nous sommes dans l'Union européenne, dans Schengen. C'est la liberté. Et aussi la liberté de se souvenir. Ce monument sobre et ascétique n'est pas agressif. Il dit que le passé est avec nous, mais que ce passé est définitivement mort.

Encore aujourd'hui, il existe un très fort ressentiment de la classe politique hongroise à l'égard des dirigeants des puissances qui ont gagné la Grande guerre et reconfiguré les frontières de toute l'Europe, à l'occasion de l'armistice

de novembre 1918. Parmi eux figure tout particulièrement le président du Conseil français, Georges Clemenceau. Pourriez-vous expliquer pourquoi ?

Dans la mémoire collective de la Hongrie, Georges Clemenceau est effectivement devenu une figure mythique du mal alors que jusqu'en 1918, une bonne partie de l'élite hongroise avait un attachement profond à la France. Mais on a tort de penser que Clemenceau a été à l'origine de la tragédie hongroise. Contrairement à ce qu'on pense souvent, son opération de démantèlement de l'empire d'Autriche-Hongrie n'a pas été une manifestation de force, mais une position de faiblesse.

Clemenceau voulait construire un cordon sanitaire destiné à contenir l'Allemagne d'un côté, la Russie communiste de

l'autre. Mais la France n'avait pas, à ce moment-là, les moyens d'assurer une réelle domination sur le bassin du Danube. Ce sont donc les ambitions des petits États issus de l'empire austro-hongrois qui ont prévalu.

Pour que la Roumanie soit en mesure de contenir la Russie, elle a obtenu des territoires comme la Transylvanie. De leur côté, les Serbes voulaient tout le Banat qui fut finalement partagé entre la Yougoslavie et la Roumanie, une petite partie demeurant en Hongrie. La France a donc laissé ces petites nations s'opposer les unes aux autres parce qu'elle n'avait pas les moyens de régler ces conflits-là.

Lors de notre première rencontre, vous m'avez fixé rendez-vous dans un café du quartier Újlipótváros, au bord du Danube. Vous m'avez expliqué que ce quartier avait été

en partie construit par la famille d'un riche Juif hongrois, Ludwig Hatvany, qui était devenu le mécène de nombreux intellectuels au début du vingtième siècle, une époque de forte effervescence politique et littéraire. Comment la communauté juive était-elle intégrée dans la société hongroise ? Et quel rôle y jouait-elle ?

Pendant la période de la double monarchie d'Autriche et de Hongrie, le capitalisme hongrois a engagé l'industrialisation et l'urbanisation du pays, en grande partie parce que les Juifs étaient émancipés. Ceux-ci ont développé de grandes entreprises et créé des usines compétitives sur le plan international. Une bonne partie de la grande bourgeoisie hongroise était Juive. C'étaient souvent des Juifs qui avaient émigré en Hongrie et étaient devenus Hongrois, adoptant cette langue qui n'était parlée nulle part ailleurs et assimilant la culture hongroise. La famille Hatvany s'appelait Deutsch à l'origine. Elle venait d'Allemagne, mais elle a magyarisé son nom en Hatvany, du nom d'une localité près de Budapest où elle avait construit une sucrerie. L'empereur François-Joseph a anobli beaucoup de ces grands bourgeois juifs qui voulaient intégrer l'aristocratie hongroise, en leur donnant le titre de baron. Mais il y avait une limite, aucun n'a pu devenir comte.

Ludwig Hatvany a été un grand mécène qui a soutenu financièrement Endre Ady, Attila Joszef et bien d'autres. La littérature hongroise lui doit beaucoup. Lui-même a écrit des poèmes, des romans et un livre, *Das verwundete Land* (« Le pays blessé »), alors qu'il était en exil en Allemagne en 1921, suite aux exactions anticommunistes et antisémites de la terreur blanche en Hongrie. Il a dédié ce livre à l'écrivain français Romain Rolland qui était un de ses amis et qu'il admirait beaucoup, afin d'attirer l'attention internationale sur le sort dramatique de la Hongrie.

Sous domination pendant des centaines d'années de l'Empire ottoman puis de l'empire autrichien des Habsbourg, et plus récemment de l'Union soviétique, les Hongrois, quel que soit le régime, n'ont cessé de s'opposer à la puissance dominante. Ils ont ainsi imposé aux Habsbourg la création de la double monarchie austro-hongroise. Ils se sont révoltés en 1956 contre l'emprise soviétique. Et aujourd'hui, c'est contre les institutions européennes que le Premier ministre Viktor Orban ne cesse d'imposer un rapport de force permanent. Est-ce un trait culturel historique, une manière d'exister ?

Oui, c'est un modèle. Nous sommes toujours contre. Si on prend trois pays d'Europe centrale, la Bohême, la Pologne et la Hongrie. Tous les trois ont été fondés aux alentours du premier millénaire comme royaumes chrétiens qui ont connu leurs moments de gloire au douzième, treizième et quatorzième siècles. Mais la Pologne a perdu son indépendance au dix-huitième siècle : elle a été démembrée par l'Autriche, la Prusse et la Russie. En Bohême, la guerre de Trente Ans a débuté en 1618 par la révolte des protestants tchèques contre les Habsbourg catholiques. Le court règne du « roi d'hiver », Frederic 1er, un calviniste, s'est achevé en 1620 après la cinglante défaite de la Montagne blanche, près de Prague. Les Habsbourg ont alors repris le pouvoir, et ont germanisé et catholicisé le pays, la noblesse protestante perdant toute autonomie.

Le cas de la Hongrie a été très différent. Après avoir été conquise par les Ottomans, la Hongrie est passée sous le joug de l'Autriche au seizième siècle. Elle a cependant réussi à conserver son autonomie régionale, sous le contrôle de la petite noblesse hongroise qui contrairement à la France, par exemple, est très nombreuse. Et encore aujourd'hui. Cette Hongrie profonde a toujours cultivé une tradition d'opposition. Par définition, tout ce qui venait de Vienne n'était pas bon. Le souvenir de l'échec de la révolution de 1848, qui a proclamé l'indépendance de la Hongrie, reste cuisant.

Donc, oui, nous avons une mentalité profondément oppositionnelle. Nous nous considérons objectivement comme des victimes. Viktor Orban joue très habilement avec ce sentiment. Il exploite bien cet héritage sur le plan politique.

Justement, est-ce que cette forme de rejet de ce qui vient de l'ouest peut expliquer le regain depuis plusieurs années du touranisme, ce courant politique selon lequel la nation et la langue hongroise trouveraient leurs origines dans le monde turcophone d'Asie centrale ? Nation européenne, la Hongrie se penserait donc asiatique. Sous Viktor Orban, la Hongrie est devenue en 2018 un État observateur de l'Organisation des États turciques et participe activement à ses travaux. La même année, Orban a inauguré avec le président turc Recip Erdogan, sur les hauteurs de Budapest, le mausolée de Gul Baba, un derviche turc, pour célébrer « l'amitié » entre les deux peuples.

La question du touranisme est très intéressante. Le sentiment de sympathie envers la Turquie s'est développé dans les milieux intellectuels dans les années 1870, lorsque l'Empire ottoman est devenu l'homme malade de l'Europe. Il n'était donc plus menaçant, et il permettait de contrer l'influence de la Russie. Une position purement opportuniste s'est ainsi transformée en turcophilie. Après la Première Guerre mondiale et la victoire des puissances alliées contre l'Empire ottoman, le nationalisme laïc et la lutte pour l'indépendance menée par Kemal Atatürk ont renforcé cette attirance pour la Turquie.

Le touranisme est donc une idéologie qui était marginale, mais qui est devenue assez forte, ces dernières années. Elle s'appuie sur le fait que nous sommes un peuple venant d'Asie, que nous sommes des ambassadeurs de la grande communauté des peuples turcs. Donc, effectivement Viktor Orban est un ami de Recep Tayyip Erdogan. C'est aussi un ami de Vladimir Poutine. Sauf que Poutine et Erdogan ont des intérêts divergents.

C'est donc une position extrêmement hasardeuse car nous sommes maintenant isolés en Europe. Notre image en Europe de l'Ouest n'est pas bonne. Mais si vous prenez l'exemple de l'Autriche qui compte depuis longtemps beaucoup plus de russophiles que nous, alors oui, il existe une forme d'hypocrisie. De même, on oublie un peu vite que l'Allemagne a été très proche de la Russie, et en est devenue très dépendante pour ces approvisionnements en gaz.

Il faut donc tenir compte du fait que la Hongrie est un pays enclavé, sans accès à la mer, contrairement à la Pologne, par exemple, qui peut recevoir dans ses ports le gaz liquéfié que lui vendent les États-Unis. Notre situation géographique fait qu'il peut exister une légitimité politique à la manière de penser du gouvernement. On peut critiquer pour bien des raisons cette position jugée trop russophile, mais comment faire autrement sans desservir sérieusement l'économie nationale qui est particulièrement vulnérable sur le plan énergétique ?

Vous avez évoqué à plusieurs reprises au cours de notre entretien les questions religieuses. Il existe à Budapest une grande place Calvin. Quel est le rôle du calvinisme en Hongrie ?

Le Premier ministre Viktor Orban est calviniste. Il est fier de son calvinisme, de son protestantisme. Pour des raisons difficiles à expliquer, les calvinistes sont très nombreux au sein du parti au pouvoir, le Fidesz. La présidente de la Hongrie, Katalin Novak, est aussi calviniste, alors que jusqu'à présent, les présidents ont toujours été catholiques.

Il faut noter que la religion en Hongrie, c'est d'abord une identité, des expressions, une mentalité, bien plus que de strictes pratiques religieuses. Ainsi, la culture juive à Budapest est essentiellement laïque. Ce ne sont pas, comme beaucoup à New York, des juifs orthodoxes. La société hongroise au sens sociologique du terme est sécularisée, mais les concepts millénaires de la tradition chrétienne y occupent toujours une place non négligeable.

Ensuite, il y a des traditions familiales. Par exemple, la femme de Viktor Orban est catholique. Ses quatre filles sont donc également catholiques. En revanche, son fils, Gaspar, réformé comme lui-même, s'est converti en 2014 au réveil religieux du néoprotestantisme, en rejoignant l'Église de la foi, une Église pentecôtiste très implantée à Budapest.

Il faut noter qu'aujourd'hui, protestantisme et catholicisme ne sont plus opposés, comme ils l'étaient jadis. L'Église réformée de Hongrie, qui rassemble au moins 20 % de la population, est très proche de l'Église catholique. La petite Église évangélique luthérienne a des positions un peu différentes. Elle est moins nationaliste ; elle exprime plus de distance avec le pouvoir. C'est une Église multiethnique composée de descendants d'Allemands qui ont migré en Hongrie aux dix-septième et dix-huitième siècles, de Slovaques, et bien sûr de Hongrois. L'Église catholique, qui compte aussi beaucoup d'Allemands, de Croates, de Slovaques, a surtout été pour eux une voie d'assimilation.

BIBLIOGRAPHIE

À lire pour mieux comprendre l'âme du Danube :

Le lecteur est aussi vivement encouragé à consulter l'incontournable site Danube culture (http://www.danube-culture.org/) régulièrement enrichi de références littéraires, historiques, culturelles et géographiques par le chercheur français Eric Baude.

Danube,
Claudio Magris (Folio, 2020)

Dans la nuit et le vent. À pied de Londres à Constantinople,
Patrick Leigh Fermor (Nevicata, 2016)

Le roman du Danube,
Bernard Pierre (Plon et France-Loisirs, 1987)

Sur la route du Danube,
Emmanuel Ruben (Rivages Poche, 2022)

Entre Rhin et Danube,
Paul Morand (Éditions Nicolas Chaudun, 2011)

Le réveil du Danube. Géopolitique vagabonde de l'Europe,
Martin Graff (La Nuée bleue, 1998)

L'enfant du Danube,
Janos Szekely (Folio, 2020)

Europolis,
Jean Bart (Traduction Gabrielle Danoux, 2016)

Les Chardons du Baragan,
Panaït Istrati (Grasset, 2003)

Monde d'hier, monde de demain. Un voyage à travers l'empire des Habsbourg et l'Union européenne,
Caroline de Gruyter (Actes Sud, 2023)

TABLE DES MATIÈRES

Carte 4

Avant-propos 7

Le delta de l'Europe 11

Birgit Vogel 55
« Pour le Danube, la chute du rideau de fer a tout changé »
ENTRETIEN

Arpad Soltesz 69
« La monarchie austro-hongroise nous a laissé un héritage »
ENTRETIEN

Pal Hatos 79
« Le Danube est un pont qui relie les destins des peuples qui le bordent, un appel à la paix »
ENTRETIEN

Bibliographie 91

Dans la même collection

Afghanistan
Afrique du Sud
Albanie
Allemagne
Alsace
Angleterre
Argentine
Arménie
Australie
Bhoutan
Birmanie
Bordeaux
Brésil
Bretagne
Brussels
Bruxelles
Camargue
Cambodge
Canada
Catalogne
Chypre
Colombie
Congo
Corée du Sud
Corse
Croatie
Crète
Cuba
Danube
Écosse
Espagne
États-Unis
Europe
Francophonie
Grèce
Grenoble
Hongrie
Indonésie
Iran
Israël
Italie
Japon
Kenya
Kurdistan
Laos
Léman
Liban
Lituanie
Marquises
Mexique
Milan
Mongolie
Montana
Monténégro
Nice
Pays-Bas
Pologne
Polynésie
Provence
Roumanie
Russie
Rwanda
Sénégal
Serbie
Séville
Sicile
Suisse
Tunisie
Turquie
Ukraine
Valais
Venise
Vienne
Vietnam

L'ÂME DES PEUPLES
Une collection dirigée par Richard Werly

Richard Werly est éditorialiste chargé de la France et de l'Europe du quotidien suisse *Blick* et du groupe de presse helvétique *Ringier*, après avoir été correspondant du *Temps* à Bruxelles et Paris. Il est l'auteur de *La France contre elle-même* paru en 2022 aux Éditions Grasset.

Retrouvez et suivez *L'âme des peuples* sur
www.editionsnevicata.be

(@amedespeuples)
(@amedespeuples)
(amedespeuples)

Conception graphique : Aline Baudet
Mise en page : Véronique Lux

Achevé d'imprimer en septembre 2023
sur les presses de l'imprimerie Jan Verhoeven
à Sint-Pieters-Leeuw, Belgique